远见成就未来

建 投 书 店 投 资 有 限 公 司

More than books

法国第一夫人
布丽吉特·马克龙传
——关于自由、爱情与真我

BRIGITTE
MACRON

l'affranchie

MAËLLE BRUN

[法] 玛埃尔·布兰——著　　赵飒——译

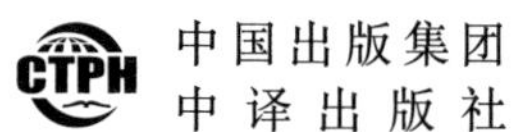

中国出版集团
中译出版社

图书在版编目（CIP）数据

法国第一夫人布丽吉特·马克龙传：关于自由、爱情与真我 /（法）玛埃尔·布兰著；赵飒译. -- 北京：中译出版社，2019.1

ISBN 978-7-5001-5837-0

Ⅰ. ①法… Ⅱ. ①玛… ②赵… Ⅲ. ①布丽吉特·马克龙–传记 Ⅳ. ①K835.657=6

中国版本图书馆CIP数据核字（2018）第249334号

法国第一夫人布丽吉特·马克龙传——关于自由、爱情与真我

出版发行： 中译出版社
地　　址： 北京市西城区车公庄大街甲 4 号物华大厦六层
电　　话：（010）68359101；68359303（发行部）；
68357328；53601537（编辑部）
邮　　编： 100044
电子邮箱： book@ctph.com.cn
网　　址： http://www.ctph.com.cn

出 版 人： 张高里
特约编辑： 任月园　赵　芳
责任编辑： 郭宇佳　孔吕磊
封面设计： 肖晋兴

排　　版： 壹原视覺
印　　刷： 北京中科印刷有限公司
经　　销： 新华书店

规　　格： 787 毫米 ×1092 毫米　1/16
印　　张： 13.5
字　　数： 140 千字
版　　次： 2019 年 1 月第 1 版
印　　次： 2019 年 1 月第 1 次

ISBN 978-7-5001-5837-0　　　　**定价：** 69.80 元

中 译 出 版 社

她的生活之所以充满传奇，

是因为她给人生设定了第一要务：

对自由的永恒追寻。

引　言

“布丽吉特，布丽吉特，布丽吉特！”此时是2017年4月23日晚22时15分。

在巴黎展览中心5号厅内，气氛异常热烈，大厅里回响着挪威“大师”乐队的歌曲《靠近一些》。这时，一个声音突然响了起来：“布丽吉特，布丽吉特……”即将在两周后成为第一夫人的女人出现在了台上。她向前走来，表情略显局促，走在左边的是已经胜出的埃马纽埃尔·马克龙。在这第一轮选举之夜，人群鼓掌致敬的并不仅仅是一位候选人，而是一对夫妇，甚至可以说是一个团队。他们四处奔走，多次登上杂志封面，并依靠着日臻完美的逸闻趣事，树立了令人折服的威望。这位未来的总统在话筒前还不忘感谢“远不止始终相伴左右的”夫人。

这一次，布丽吉特·马克龙意识到，她可能很快要入驻爱丽舍宫的夫人厢房了。一向拒绝抛头露面的她，再也无法固执下去。她不能再坚称“他才是马克龙”，唯一的马克龙。不过，归根结底，这种过分的谦虚也有些言过其实：选举过程中，她扮演的非但不是群众角色，甚至还在宣传海报的突出位置。她在《查理周刊》封面上被画成孕妇，在《快报》封面上则是幕后主使般的形象。有人嘲笑她裙子的长度，也有人赞美她优雅的气质；英国媒体称她是“蠢货”，美国人则视她为“下一个米歇尔·奥巴马”。人们曾对她褒贬不一。她不但与丈夫如影随形，也是媒体的宠儿。

马克龙常说：“布丽吉特，到我身边来。”他生来不愿与人共同站在聚光灯下，倒颇乐意有她陪在身边。这其实是顺理成章的事情：除了他们之间维系了20年的感情外，她对他的竞选也起着很大作用。每当有人担心他年纪太轻时，她总能消除这样的疑虑；有人说他是乖孩子时，她又表现得叛逆不羁……只要他不愿被区别对待，她必全力相助，可以说对他有求必应。“我的角色吗？我是他的妻子，仅此而已。”2016年10月4日，在斯特拉斯堡举行的一次会议期间，她对记者这样说道，“你们看到妻子站在丈夫旁边时总是一副吃惊的表情，这种状况该改一改了，那本就该是我们的位置。”然而，这样的角色定位，对她来说太狭隘了。

教练、辅导教师、日程安排管家、报信人、猎头、媒体顾问……她轮番扮演着这些角色。从法国经济部到“共和国前进”运动的办公楼，她曾经是她圈子里少数具有影响力的女性之一。尽管埃马纽埃尔·马克龙自称女性主义者，但他的“近卫军”中绝大部分始终是男性，如他的参谋亚力克西·科勒和伊斯马埃尔·埃梅里安、发言人邦雅曼·格里沃、竞选干事让-玛丽·吉里耶、传媒顾问西尔万·福尔，还有组织者斯特凡娜·塞茹尔内、塞德里克·欧和朱利安·德诺尔芒迪，等等。布丽吉特·马克龙轻而易举就进入了这群充满男人味的亲信圈子，她依靠的是丈夫“毋庸置疑的决定权”。

然而，这并不意味着所有人从一开始就欢迎她，事实远非如此。《今日价值观》杂志于2017年7月在头条指责她为可怕的“副总统”……早在马克龙任经济部部长时，他的某些顾问就乐此不疲地为她手握权力表现得痛心疾首，还把她描述为塞西莉亚·萨科齐和克莱尔·安德伍德[1]的复刻版，是真正的幕后推手。无稽之谈！布丽吉特·马克龙的亲友们立刻作出了一致反驳。她丝毫没有幻想成为第一夫人，只愿陪伴在丈夫身边，从不给他施加任何压力。

那么她扮演的角色到底是联合队队长还是“小兵”呢？她的实际位置当然是在中间——或者应该说是在中心。无论在当年的神意中学还是之后二人位于亚眠富人区的家中，20年来，她的任务始终未变，那就是给予启发与建议。埃马纽埃尔·马克龙说，在被她点醒之前，他一直过着一种“停滞的生活”。

对于当年还是教师的她来说，情况却不是这样。二人在20世纪90年代中期邂逅之时，她已然是各种矛盾的结合体：童年时期，她

[1] 美国电视剧《纸牌屋》中的女主角，经常卷入丈夫弗兰西斯的政治行动当中。以下除资料来源外，如无特殊说明，均为译者注。

性格阳光却不服管教；青春年少，她恬然的微笑后面不知隐藏了多少心碎往事；成家后，她是一名独立的中产阶级妻子；接着又与那个普普通通的中学生在文学之路上相遇……她人生的每一个阶段都是各种“与此同时”[1]（这个短语日后成了她丈夫的标志）的叠加。从这个角度来看，尽管媒体对她过度曝光，第一夫人仍然是一位谜一般的人物。这本书将着力揭开这位女人的多层面纱，而她的生活之所以充满传奇，是因为她给人生设定的第一要务：对自由的永恒追寻。爱丽舍宫对她来说并不是一个庇护所，她有 5 年的时间来打破世人对她的各种预言。

[1] 马克龙总统经常在讲话中使用“与此同时（en même temps）”，以表达两个事物既相互矛盾又能并存的状态。

二人漫步。
第一轮选举前夕，马克龙夫妇在他们的大本营勒图凯进行了一次（几乎）私密的漫步。（©Chesnot/ 视觉中国）

与文学和戏剧为友。

布丽吉特与法国演员、编剧、歌手丽娜·雷诺和作家菲利普·贝松在一起。二人自马克龙在法国经济部工作时起就是布丽吉特的好朋友。（©Bertrand Rindoff Petroff/ 视觉中国）

大选投票前夕，在滑雪场。

2017 年 4 月 12 日，在赴巴涅尔–德–比戈尔参加会议前，“共和国前进”运动发起人兼领袖、法国总统大选候选人埃马纽埃尔·马克龙携妻子布丽吉特出现在上比利牛斯省的拉蒙吉滑雪场，二人在那里共进午餐。4 月 23 日，法国民众将开始投票，以选出他们的下一任总统。（©Julien de Rosa/IP3/ 视觉中国）

和马克龙一起庆祝首轮投票获胜。

2017 年 4 月 23 日，法国巴黎，马克龙庆祝在首轮投票中获胜。据电视台报道，在法国总统大选首轮投票的出口民调结果中，马克龙和勒庞排前两名，进入第二轮。本次投票弃票率为 20%—22%。BBC 也报道称，马克龙和勒庞拿下首轮选举胜利，进入第二轮，将在 5 月 7 日一决胜负。（©Bloomberg/ 视觉中国）

履行第一夫人的职责。

2017年7月26日，歌手、演员兼模特蕾哈娜在爱丽舍宫受到接见，与总统探讨全球教育伙伴关系问题。第一夫人布丽吉特现身接待蕾哈娜。（©Mustafa Yalcin/Anadolu Agency/视觉中国）

思考公益。

2018 年 4 月 5 日，法国鲁昂，布丽吉特造访鲁昂医院，公布一项自闭症计划。（©POOL/ 视觉中国）

特朗普为马克龙举行欢迎仪式，上演“握手杀”。2018 年 4 月 24 日，华盛顿，美国总统特朗普偕第一夫人梅拉尼娅在白宫南草坪为法国总统马克龙及其夫人布丽吉特举行欢迎仪式。法国总统马克龙 23 日正式开启为期 3 天的访美行程。（©Mark Wilson/视觉中国）

接见 2018 世界杯法国队，与队员捧杯欢庆。

2018 年 7 月 16 日，法国，马克龙总统夫妇在爱丽舍宫接见参加 2018 俄罗斯世界杯的法国队队员，与队员捧杯欢庆。（©Christophe Morin/IP3/ 视觉中国）

目　录

自由之风

BRIGITTE
MACRON

“您要写小特洛尼厄吗？她可是这儿的大明星。”她是亚眠人的骄傲。尽管皮卡第[1]人一向以惜字如金著称，说起法国第一夫人却滔滔不绝，“也是相当辉煌的传奇呢！”我们在高捷–德吕米利路上的圣克洛德酒吧里听到了这样的说法。沿路往坡上再走几米，就是马克龙一家位于富人区亨利维尔中心的房子。现任总统就在这里长大，他的父亲至今仍然居住在这栋房子里。不过，像往常一样，人们谈论更多的还是布丽吉特。对她的称呼既不是马克龙夫人，也不是奥齐埃女士——这是她第一任丈夫的姓氏，而是“小特洛尼厄”。在这里，特洛尼厄是一个响当当的姓氏，布丽吉特·马克龙在成为部长[2]夫人之前就已经远近闻名了。

特洛尼厄巧克力店是一家连锁机构，在上法兰西大区开设了6家分店，分布在亚眠、里尔、圣康坦和阿拉斯4座城市，共有55名员工，每年有几百万欧元的营业额（2015年为380万欧元，2016年为600万欧元）……位于亚眠的总店外面还标有一段家族传奇的说明文字。这家店位于市政府附近的德朗博路1号，门面上写着

[1] 皮卡第在1972—2015年间为法国大区，首府为亚眠，2016年起并入上法兰西大区。

[2] 法国总统马克龙曾在2014—2016年任法国经济、工业和数字部部长。

“让·特洛尼厄，五代世家”几个大字。第一夫人的侄子让-亚历山大作为该地区望族的继承人经营着这个家族企业。“特洛尼厄家族起源于沃勒克斯”，家谱学者让-路易·博卡尔诺告诉我们，“起初是农民家庭，家庭成员属于‘有资产农民’，因此家境比较宽裕，在当地有一定的影响力。”[1] 到了路易十五统治下的 18 世纪，这个家庭失去了此前的社会地位。“接连几代人都以做短工为生，做一些按日结算的农活，生活艰辛。1834 年，有记录显示，安德烈·特洛尼厄、其妻子和他们 19 岁的儿子在两周内相继去世，只留下一个 10 岁的女儿，日后成了一名纺织工人。她在 1852 年诞下一个私生子，随后以厨娘的身份在阿贝城终了一生。”这个孩子就是布丽吉特·马克龙的曾祖父让-巴蒂斯特·特洛尼厄，他在 1872 年创建了家族甜品店。

店铺位于杜梅里耶路，起初出售舒芙蕾[2] 和各种餐后甜点，随后推出了令这家店名声大噪的产品：马卡龙。同皮埃尔·艾尔梅和拉杜丽[3] 的马卡龙全然不同，特洛尼厄生产的是一种用杏仁和蜂蜜制成的地方特色美食。它的配方由凯瑟琳·德·美第奇在一次意大利之旅后带回法国，但日后为人淡忘。根据现代人的口味重现这一配方肯定是个不错的主意！如今，“特洛尼厄马卡龙”（“亚眠马卡龙”这个称呼都已经过时了）的经济效益比它的热量还要高：第一夫人的家族企

[1] 摘自 2017 年 10 月 10 日让-路易·博卡尔诺与作者的谈话。

[2] 法式甜品，用打透的蛋白做的点心。——译者注

[3] 两者都是法国著名的甜品品牌，均以马卡龙著称。——译者注

业每年都能售出两百余万枚马卡龙。品质上的保证甚至让这款马卡龙得到了当地著名业内人士同时也是顾客的让-皮埃尔·佩尔诺的赞许……伊冯娜·戴高乐[1]家的“旺德鲁饼干”曾入驻爱丽舍宫，如今，那里已经是布丽吉特·马克龙家的“特洛尼厄马卡龙”的天下了。

特殊地位

在让-巴蒂斯特之后、让-克洛德[2]和让-亚历山大之前，还有两个名叫让的人，分别是第一夫人的祖父和父亲。1953 年 4 月 13 日，布丽吉特在这一亚眠名门出生。她的父母怎么样？据她说，二人“形影不离”，始终在德朗博路的店里相伴左右。解放[3]后，二人在原址基础上重振了在 1940 年的轰炸中被部分摧毁的家族产业，一层仍然是巧克力店，西蒙娜·皮若尔帮助丈夫打理店内事务；二层则成了他们的寓所。布丽吉特·玛丽-克洛德·特洛尼厄是六个孩子中年龄最小的，与长兄相差 20 岁。她接受了一种与哥哥和姐姐截然不同的教育。作为家中唯一一个在战后出生的孩子，她没有尝到一丝其他哥哥姐姐受过的贫穷之苦。关于那段愁苦的时期，也许她听到最多的是家人的一个事迹：他们在德国占领时期拒绝向隆美尔提供糖果。她完全是在家人的疼爱中度过了童年。

---

[1] 法国前任总统戴高乐的妻子，原名伊冯娜·旺德鲁，其父为饼干制造商。——译者注

[2] 让-克洛德·特洛尼厄，布丽吉特·特洛尼厄的哥哥，让-亚历山大·特洛尼厄的父亲。——译者注

[3] 特指“二战”期间德国结束对法国领土的占领。——译者注

这个小女儿彻底融化了让·特洛尼厄的心。在这之前，谁也没想到他会是一个如此溺爱孩子的爸爸……作为当地公认的显要人物中的中流砥柱，他给亚眠人留下的是十分受人尊敬的形象。然而，他对这个在他 40 岁时（妻子当时为 39 岁）出生的小女儿百依百顺，似乎被她变成了一个心软的男人。据布丽吉特儿时的同窗描述，布丽吉特十分活泼欢快，还很淘气。即便她受到了学校的惩戒，有时甚至被罚擦洗学校的地板，父亲也总会宽恕她。“我可以为所欲为，得了糟糕的分数也没关系，父母唯独在尊重他人方面对我的要求极其严格。”[1] 布丽吉特回忆说。她当年的家庭氛围便是如此。她的同窗好友贝亚特丽斯·勒鲁向我们讲述了这种关系：“作为一个大家庭里最小的孩子，加上同哥哥和姐姐的年龄差距，她享受着相当大的自由，这一点从她和父亲聊天时的语气就可以看出来：说话的方式倒是挺乖，不过内容很开放，有时候甚至有些过分。他们之间存在着一种朋友似的关系，他并不会为此感到不快，正相反，他很享受这种关系，也从来不会教训她。很明显，他一直对她赞赏有加。”[2] 父亲去世二十多年后，布丽吉特·马克龙还会提起这种特权般的关系。“在人生中那些重要或者棘手的时刻，我总会想起我的父亲，”她在总统选举期间对好友菲利普·贝松说道，“大家都会这样，不是吗？”[3]

布丽吉特同母亲的关系则平和一些。“她们对彼此满怀温情。”

---

[1] 摘自《叫我布丽吉特》的采访，载于《她》杂志（*ELLE* 法文版，以下同），2017 年 8 月 18 日号。

[2] 摘自 2017 年 11 月 8 日贝亚特丽斯·勒鲁与作者的谈话。

[3] 摘自《小说人物》，菲利普·贝松著，朱利亚尔出版社，2017 年。

贝拉特丽斯·勒鲁接着说道。西蒙娜·特洛尼厄是阿列日葡萄酒商让-皮埃尔·皮若尔的女儿，性格持重。作为母亲，她对布丽吉特的关怀无微不至，同时也给她充分的独立空间。在德朗博路的房子里，顶层是布丽吉特的地盘。此外，她还可以自由出行，父母为了庆祝她拿到初中毕业证书，送给她一辆比亚乔牌的“Ciao”系列助力车，这让她那些只得到一句“真棒”的朋友们吃惊不小。“她的父母对她十分慷慨，”一个朋友回忆说，“有一次，她考了好成绩，就得到了一整套银首饰！”[1] 布丽吉特成绩优秀，法语和拉丁语是她的强项，因此她收到过不少礼物。她的朋友们对她的衣橱羡慕不已，里面的一整套设得兰羊毛上衣尤其令人印象深刻：这是她在市中心的一家时装店订购的，相同款式的大衣每种颜色各一件。

布丽吉特的生活十分惬意，享受亚眠人舒适的日常，周末则在勒图凯度过。1950 年，特洛尼厄一家在这座加莱海峡省的滨海城市买下了一栋漂亮的三层房子，也就是莫内让别墅（供西蒙娜和让居住）。埃马纽埃尔·马克龙的父母都是医生，他常说他来自一个中产家庭，而他妻子的身家则不可小觑：毫无疑问，她来自一个生活优渥的社会阶层，度过了衣食无忧的青年时光。“她善于交际，风趣幽默，”布丽吉特的一个童年玩伴回忆说，“也相当自由。”[2] 她从少年时期便展现出了这样的个性。

[1] 摘自 2017 年 11 月 2 日该朋友与作者的谈话。
[2] 摘自 2017 年 8 月 19 日该朋友与作者的谈话。

完成弥撒

周六晚上如何度过？必然不能在家中度过，至少布丽吉特已经成年的哥哥和姐姐都会外出。她可不打算没精打采地宅在房间里，对着滚石和克林特·伊斯特伍德的海报异想天开——她曾经有一次说马克龙总统“比克林特·伊斯特伍德还要棒”[1]，不过当年墙上贴的仍然是真实版（也就是略逊一筹的）伊斯特伍德的海报。每个周末，她都会跑到各种聚会中跳舞，在那里经历了人生中最初的几次调情。穿着打扮一般是套在短裤外的超短裙——摇滚旋转舞步的标配，再配上靴子和金色发辫。“她当时已经很会打扮自己了，但不是‘出身亚眠好人家’的那种打扮，”布丽吉特当年的一个旧相识对我们说道，“她追求的可是20世纪60年代的潮流！”[2] 平日学校的制服让她相当沮丧：百褶裙、坎肩、海蓝色连裤袜和天蓝色衬衫，还有搭配红色条纹的海军蓝橄榄帽，形成完整的一套制服……在圣心学校，穿着方面容不得马虎！像当地所有中产家庭的女孩子一样，布丽吉特在圣心学校完成了大部分学业，只有四年级和三年级[3]是在圣克罗蒂德学校度过的，这家亚眠天主教私立机构后来与圣心学校合并了。

布丽吉特的姐姐们确实比她先一步走上叛逆这条路，但她的叛逆

[1] 摘自《马克龙一家》，卡罗琳·德里安、康迪斯·内代莱克著，法亚出版社，2017年。

[2] 摘自2017年10月1日该旧相识与作者的谈话。

[3] 法国初中为四年学制，初中第一年为六年级，第二年为五年级，第三年为四年级，第四年为三年级。高中为三年学制，高中第一年为二年级，第二年为一年级，第三年为毕业班。——译者注

“更胜一筹”。“我年轻的时候不算太乖，经常因为言行举止不当放学后被留校”，布丽吉特在2017年8月的《她》杂志专栏中写道，“我不会低眉顺眼，从来不会，而且别人也不会把我不相信的事情强行灌输给我。我很早就形成了批判精神。”在这所由耶稣圣心会创始人玛德莱娜–苏菲·巴拉创建于1801年的庞大机构里，纪律十分严格。诚然，学习的环境非常舒适——学校在奥拉托利路上富丽堂皇的建筑里，前面是带有网球场的公园；学校主张的是人道主义价值观：圣心学校并不仅仅面向大资产阶级家庭，也会免费招收阶层低一些的学生。然而，凡是在那里上学的孩子，必须遵守严格的规定。“我上课的时候，几乎忘了有椅背这个东西，”布丽吉特·马克龙说道，“必须要笔直地坐着。”[1]管理学校的修女也会监督这件事情……

20世纪60年代，圣心学校也招收了部分在俗教员，不过大部分课程仍然由修女教授。学校的校长是一位修道院院长，据描述是一个极度虔诚不苟言笑的角色。课程设置每周要做两次告解[2]，更重要的是每日一次的弥撒。每天早上的仪式雷打不动：姑娘们要在学校巨大的礼拜堂前集合——礼拜堂后来改成了健身房；听到第一声信号，学生们排队站好；听到第二声信号，头上罩着黑纱的姑娘们就开始上日课了，此时修女们已经跪坐就位。布丽吉特认为当年的学制相当“紧凑”，让她喘不过气来。当然，这并未给她造成心理创伤，毕竟她日后都是在私立宗教学校任教。不过，她还是认为自己身上留下了某

[1] 摘自《她在竞选中的秘密角色》，载于《快报》2017年3月1日号。
[2] 天主教会七件圣事之一。

些伤痕："我是在宗教氛围中长大的，所以从小担惊受怕，"她说道，"这种恐惧留在了我心里。"[1]因此，她并未像丈夫埃马纽埃尔·马克龙那样经历过笃信宗教的人生阶段。尽管埃马纽埃尔的父母都是不可知论者，他本人却坚持在12岁那年接受了洗礼，而布丽吉特则对父母的信徒活动兴味索然，比如周日的弥撒。

总而言之，马克龙夫妇二人的青春期生活迥然不同。总统当年的周六之夜是怎样的？那是一个个文学之夜。他在神意中学的昔日同窗都坚称他是一个善于交际的人……但只有与书籍和作为知己的外婆"马内特"（也是他指定的教母）为伴才是他最大的乐趣。布丽吉特·马克龙则要活泼得多，圣心学校的几个同窗都提到过当年围在她身边的"布丽吉特小帮派"。她的一个好友说："她确实很有吸引力，把我们团结在一起。不得不承认，她活力十足，时刻准备组织大家一起出去玩。"[2]

尽享生活

1967年起，布丽吉特的小团体每个星期主要在亚眠刚开业不久的溜冰场活动。三年的时间里，布丽吉特和小姐妹们一直身着亚眠花样滑冰队的队服——以及红色的小短裙。在她们的老师转投另一家俱乐部后，由于达不到国家水平，她们没有继续训练下去。广受欢迎的

[1] 摘自《小说人物》，菲利普·贝松著，朱利亚尔出版社，2017年。
[2] 摘自2017年10月21日该好友与作者的谈话。

布丽吉特也时常利用父母给予她的自由来惠及自己的小团体。有些小姐妹家教严格，还有些小姐妹是住校生，情书不能送到家里，因此她们都让人把情书送到特洛尼厄家去。布丽吉特就扮演起了邮递员的角色，把收到的书信发到班里。据我们所知，她在当年并没有很认真的恋爱对象，却给人一种情场老手的印象。“她给了我们很多恋爱方面的建议，”贝亚特丽斯·勒鲁笑着说道，“她的经验可能是从姐姐们那里得到的。”[1] 另外，在那个还没有“美容博主”的年代，她会向小姐妹们传授化妆技巧——她们如今仍然热衷于聊起这件事，其中一个人说：“她是个好孩子，无论什么时候都会保持微笑。”[2] 然而，尽管表现得热爱生活，她对那个时期的印象却并不算好，而且似乎有一道裂缝让一切雪上加霜。“我被宠坏了。无论是在情感上还是社会关系方面，我都拥有了一切，根本没有权利抱怨，可当时我却痛苦不堪。”热爱波德莱尔《恶之花》的她说，那段时间，在她的眼中，“死亡无处不在”。

年纪轻轻的她已经与死亡有了太过亲密的接触。1961 年，她 8 岁的时候，有孕在身的大姐和姐夫在一场车祸中丧生；时隔一年，她 6 岁的外甥女又因急性阑尾炎夭折。这些丧事令她悲痛不已，而当时与他们生活在一起的祖母也总在问她“为什么死的不是自己”。布丽吉特的一个同窗告诉我们，她当年成了“全家人的一线阳光”。她与密友也很少谈及童年的悲伤往事，希望它们消融在少年生活的洪流之

---

[1] 摘自 2017 年 11 月 8 日贝亚特丽斯·勒鲁与作者的谈话。

[2] 摘自 2017 年 11 月 12 日该人与作者的谈话。

中。“无论以何种方式，日子总要过下去。”她在《她》的采访中如是说。

1972年春天，布丽吉特开始潜心准备高中文科会考——她选择了A科[1]，随后前往勒图凯，与几个小姐妹一同努力认真复习，并取得了优秀的成绩：她以“非常好”的评语[2]通过了考试。特洛尼厄家上过学的人并不多，因此都以布丽吉特为傲。然而，对布丽吉特来说，当务之急是在新的生活阶段里淡忘忧伤，修复那些她不愿谈起的人生裂痕。埃马纽埃尔·马克龙曾这样描写自己的妻子：“在坚定的活力背后，是一片只有脆弱的人才可进入的感性之地，他们能够在那里重新找回自我。”[3]不过，当年，即将陪伴她度过这段快乐与痛苦交织的日子的是另外一个男人。

---

[1] 法国高中毕业会考分A、B、C、D和T五个方向/科目，其中A科为文学、语言学和哲学。

[2] 法国学校通常采用20分满分制，并将得分划为几个评语区间，其中19—17分的评语为“非常好（très bien）”。

[3] 摘自《变革》，埃马纽埃尔·马克龙著，埃克索出版社，2016年。

美好家庭

BRIGITTE
MACRON

这也许是她最喜欢的一部小说，也是她的学生们必须要爱上的作品:《包法利夫人》，它对布丽吉特·马克龙产生了深远的影响。她自己身上是否也有福楼拜笔下这位女主人公的某些影子呢？毫无疑问，她亲口承认了这一点。20世纪70年代初，她曾像艾玛·卢欧一样苦苦追寻一种“新处境下的焦虑”，甚至是一种“神奇的激情”，来摆脱身上的枷锁。特洛尼厄家族成员的身份也是一种压力。当年，她的家族在亚眠资产阶级圈内的名望达到了顶峰。1971年，她的父亲创建了皮卡第大区奥运会及体育委员会并出任委员会主席，此外还管理着皮卡第网球联盟。他在当地颇有威信，生意也越来越红火。布丽吉特高中毕业后，本来可以进入父亲的公司。当然，她不是哥哥，无法像家族一块标语牌上写的那样“子承父业”，但掌管家族企业的哥哥让-克洛德还是为她留了一个位置，可她害怕这样的前途。家族企业董事这一头衔对她来说足矣，这项职务她一直保留到了2007年。1972年，与哥哥姐姐们不同，年轻的布丽吉特希望继续求学。她选择了文学之路并一下子入了迷。莫泊桑、雨果、兰波、阿波利奈尔……她曾深入研究这些作家，并且说是他们造就了如今的她。她特别感兴趣的一个主题是骑士爱情[1]，并决定以此作为硕士论文的研究对象。

这一与感情有关的主题开始占据她的个人生活。班上的男同学并不多，她又很难在当地名门的子弟中作出选择。她的大姐安妮嫁给了一家大型卫浴、暖气与空调设备企业的老板热拉尔·布洛涅，比她大11岁的姐姐莫尼克选择的是法国最大的汽车经销企业之一的继承人让-克洛德·格代。周围的人都以为布丽吉特会走相同的路。她很受欢迎，接触的对象也一直很抢手：这些人都是她在圣心学校同窗的兄弟和表亲。然而，她的视线并不在本地的资产阶级家庭身上，她渴望跳出亚眠，这座“堪称巴黎和里尔结合体的乡下城市，一个不值得留恋的城市，一个当年连TGV[2]这一标志性事物都没有的城市……”[3]亚眠人洛朗·德拉乌斯如此形容这座城市。

佳人才子

布丽吉特在勒图凯邂逅了安德烈-路易·奥齐埃。异乡生活还不至于令她过于不适，这个大她两岁的年轻人身上又有着实实在在的优势，首先便是他身上那一圈小小的神秘光环。安德烈-路易出生于喀麦隆的埃塞卡，父亲是一名高官。在巴黎完成学业后，他前往里尔，在银行开启了职业生涯。这对于文学专业出身的布丽吉特来说，既意

[1] 即男性初始时无条件地把女性抬到无以复加的高度的一种精神化情感。

[2] 法国高速铁路。

[3] 摘自《神意中学的少年往事》，载于《费加罗报》2017年5月31日号。

味着某种程度上的解放，又不至于让她彻底脱离自己的阶层……也算是不知不觉地回归了“正途”。无须赘述，1974 年 6 月 22 日，21 岁的特洛尼厄小姐在勒图凯市政府登记结婚后成了奥齐埃女士。

事情进展得很快，这让布丽吉特的一些朋友大感意外。不过她如此渴望结婚是有原因的：她太想当妈妈了，夫妻二人也很快落实了生子计划。婚后一年，他们的儿子塞巴斯蒂安出生了，紧随其后的是 1977 年 4 月出生的洛朗斯，第三个是 1984 年 1 月在他们锡婚[1]之际到来的蒂费纳。布丽吉特是一位尽职尽责的母亲，有时被人形容为“外柔内刚”。“她对孩子们既温柔又严格，”一个朋友回忆说，“她会表现出家长的权威。当然，她丈夫也会管教孩子，但更多会忙于工作。同那个年代的其他男人一样，他的空闲时间没有妻子多，因此布丽吉特在孩子的教育问题上投入更多精力，对孩子关照有加，也少不了斥责。”[2] 埃马纽埃尔·马克龙在《变革》一书中强调过她这种“充满爱意的果断”，他写道：“她陪伴在每个孩子身边，始终对他们尽职尽责，丝毫不会改变对他们的期望。塞巴斯蒂安、洛朗斯和蒂费纳每天都要给她打电话向她求教，她就是他们的指南针。”

30 岁的布丽吉特·奥齐埃就这样建立了自己梦想中儿女绕膝的家庭，和安德烈–路易之间的关系却略显平淡。两人当年的朋友在接受我们采访时说，他们并不算太般配。他有多持重，她就有多外向；她总是激情四射，他却处处表现得冷静理智。他们的朋友还说：“他

---

[1] 结婚十周年。

[2] 摘自 2017 年 7 月 29 日该朋友与作者的谈话。

更加内敛一些，相比她而言有些暗淡；人很好，就是不太健谈。”[1]然而，这并不妨碍这对夫妇过着充实的社会生活：在他们定居的里尔地区，两人的社会生活都由布丽吉特负责协调，丈夫的事业也蒸蒸日上。“她非常讨人喜欢，也很有教养，热情待客，”当年奥齐埃夫妇的好友玛丽安娜·雷诺说道，“1978 年的圣诞节前夜是在她家度过的，那一晚至今仍深深地刻在我们这帮朋友的脑海中。她当时已经是一头阳光般的金发，我记得她一直在哼着小曲。她是我的知心密友，丝毫不是长舌妇或者惹事精一类的人。”[2]

她很快利用起了这种对人际关系的敏锐。1982 年，她进入北部加莱海峡大区商会，成了新闻专员。尽管她对这两年的工作经历比较满意，但并未将之看作自己的事业。在 20 世纪 80 年代，她还酝酿着其他一些计划：安德烈–路易被任命为法兰西外贸银行斯特拉斯堡分行行长。对不到 35 岁的人来说，这可是个不能放弃的好差事！于是一家人准备迁往法国东部。布丽吉特未曾想到，在阿尔萨斯，她将要开始探索两个决定她一生的领域：一是教育，二是政治。

---

[1] 摘自 2017 年 7 月 29 日该朋友与作者的谈话。

[2] 摘自文章《好人布丽吉特·马克龙》，载于《她》杂志，2017 年 5 月 12 日号。

提前体验“共和国前进”运动

BRIGITTE
MACRON

“要问我们俩谁影响了谁，是他影响了我，他促使我迈入政坛。”第一夫人这样说道。埃马纽埃尔·马克龙参加总统竞选的雄心并非受到她的启发。“我心口如一，他则是思行合一。这是他选择的生活。”[1]据亲友说，这位满足于陪伴在丈夫身边、从不给他施加任何压力的妻子更愿意远离抛头露面的事情……尤其是远离竞选的狂热氛围以及个中的锱铢必较。为获得权力而放弃阅读？即便她真会这么做，也只能是出于对丈夫的爱。在她的想象中，丈夫应该是一个作家，而非政治家。不过，布丽吉特其实在2017年之前就已经涉身投票活动：很久以前她就曾试过拉选票，算是为后来的总统竞选小试牛刀。

一片沃土

让我们回到1984年的阿尔萨斯。在距斯特拉斯堡21千米外的特吕克泰塞姆，城市里的生活宁静祥和。这座小城市如今被誉为整个大区的“小摩纳哥”，当地人习惯简称它为“特吕克”。人口大约4000

[1] 摘自《埃马纽埃尔·马克龙：向爱丽舍宫前进》，尼古拉·普里塞特著，普隆出版社，2016年。

人，大部分生活在舒适宜居的独门住宅里，都有着需要缴纳巨富税的家底。然而，据市长朱斯坦·沃热尔介绍，当年的光景完全不是如此。“最近几年，有很多特权阶级家庭到此落户，因此我们把贝莱奈姆和菲蒂塞姆也纳入到了辖区范围内。但是，在20世纪80年代，情况还不是这样，那时这里只有1500名居民。”[1]新迁入的居民中，就有奥齐埃一家五口。安德烈-路易在法兰西外贸银行斯特拉斯堡分行走马上任，布丽吉特也很快在吕西-贝尔热新教中学找到了教职。相比大城市，他们更喜欢特吕克泰塞姆和虞美人路田园般的宁静氛围，并租下了那条路上最高也最漂亮的一栋住宅。住宅周边的装饰，一边是葡萄藤，另一边则是一片玉米地，几米外是市公墓。

拉奥福特区的所有人很快接纳了奥齐埃一家。“他们刚到阿尔萨斯的时候，谁也不认识，”邻居回忆说，“我丈夫在斯特拉斯堡有一部分生意，有人就把安德烈-路易介绍给我丈夫认识，我们就这样熟起来了，经常到对方家里做客。我的女儿会为他们照看孩子，两家人相互照应……布丽吉特并不是招摇的人，他们的房子简洁朴素，完全没有装阔气的意思。她其实是有这个实力的，毕竟她并非出身于穷人家庭。”[2]特洛尼厄家的巧克力店的名声同样迅速传遍大街小巷。“我记得我家的冷餐会上经常有马卡龙，她每次回亚眠都会给我带过来一些。”她的魅力并不仅仅来自于家族的美味甜点。布丽吉特在特吕克泰塞姆的朋友西蒙娜·于勒告诉我们：“布丽吉特非常专注，这确实

[1] 摘自2017年7月28日朱斯坦·沃然尔与作者的谈话。
[2] 摘自2017年7月29日该邻居与作者的谈话。

是她的特质。和你在一起时，她不会心不在焉，会一直关注你的一举一动。”[1] 这位朋友的儿子尤其为布丽吉特这种特质所吸引：小雷诺不但与奥齐埃家的塞巴斯蒂安和洛朗斯建立了友谊，也非常乐于同他们的母亲交谈。如今，西蒙娜·于勒还会笑着提起：“他那年应该只有12岁，就被她深深地吸引住了。她很漂亮，允许我儿子用‘你’来称呼她。所以啊，也是一种必然……”

成为教师的布丽吉特及时地利用起这种好感。为了什么目的？那就是让宁静祥和的街区热闹起来。沃热尔说：“她会参加当地的每一个节日，总是想方设法活跃气氛，把大家聚在一起，她是个非常敢想敢干的人。”[2] 沃热尔的住处距奥齐埃一家仅三十多米——这是一块风水宝地，可以见证她迎接第一次挑战：奥福特区一年一度的烤全羊节！这项倡议早已有之，然而并没有得到积极响应。没关系，布丽吉特立刻出马！沃热尔市长说：“她挨家挨户动员人们参加活动并说服了他们。这样一来，就好像提前开始庆祝邻居节一样！另外，这项传统还延续了下来，每年8月的第一个周六，都会有80—100人来参加烤全羊节。”[3]“她会努力推进事情发展，倡导一种社团式的生活，”西蒙娜·于勒说道，“她一来，就提出了很多问题。这并非出于好奇，而是出于热心肠。她会逐渐渗入你的生活，懂得潜移默化。我不知道她是否在当时已经对政治产生了兴趣，不过她热衷于关照大家的生

[1] 摘自2017年7月28日西蒙娜·于勒与作者的谈话。

[2] 出处同上。

[3] 摘自2017年7月28日沃热尔与作者的谈话。

活，这一点是肯定的。”[1] 不过，政治也很快让她蠢蠢欲动……在完成了第一次挑战后，布丽吉特投入到另一项活动——市长竞选当中。

竞选之战的洗礼

1989 年，特吕克泰塞姆市准备选出新一任市长。这一次选举对于这座城市有着特别重要的意义：罗歇·魏斯并未竞选连任，自他 1965 年继任市长以来，这个位置如今又成了关注的焦点。在本次竞选中，杀出了一匹黑马。这位竞选者是谁？在“特吕克泰塞姆的未来”的名单上，布丽吉特·奥齐埃的名字出现在了显眼的位置上。当时，布丽吉特已经在阿尔萨斯生活 5 年了。当年出现在这份候选人名单中的让尼娜·布里亚尔笑着对我们说：“2015 年在电视上看到她的时候，我心想：‘我的天，太巧了吧，我认识这位女士！’”[2] 这位 83 岁高龄的退休小学教师清楚地记得见到语文老师布丽吉特时的情形。“选举期间，我们应该是在斯特拉斯堡教师公会上碰到的，不过也只是一面之缘。后来，有一天，她和我的医生布隆一同出现在我家门口，想要游说我加入，因为名单上需要 15 个名字，当时只有 14 个。”唯一的问题是，让尼娜·布里亚尔并不打算参加竞选。“我告诉她，我不想参选，因为选举时难免会得罪人……但她坚持说她也是第一次参选，我们可以一起进驻市议会。”这些理由并没有起到太大作用。没

[1] 摘自 2017 年 7 月 28 日沃热尔与作者的谈话。
[2] 摘自 2017 年 7 月 28 日该人与作者的谈话。

关系，布丽吉特最终还是会靠耐心争取到让尼娜。“她真是把我烦得够呛，最后我就由着她来了。她特别有恒心。”如今，让尼娜笑着谈起这件事。

人员集齐后，就可以开始正式活动了：散发传单，在成员家中举行战略会议以确定团队的重要思想；建设滑板场，承诺强化对年轻夫妇房屋租金的管理；表达“我们可以在尊重每一个人的前提下和谐地实现在特吕克泰塞姆的工作、生活与养老”的意愿……“特吕克泰塞姆的未来”提出的建议都具有主张联合的性质。为了拉拢更多人，候选人名单并没有贴上政治标签，然而，人们普遍认为名单上的大多数候选人为右派……首先就是布丽吉特·奥齐埃。她的一个朋友对我们说：“我丈夫有时会谈谈政治，他认为，布丽吉特的观点可算不上左派！”[1]不过，这种倾向倒是符合她的家庭文化背景，特洛尼厄一家历来倾向于投票给右派。布丽吉特在特吕克泰塞姆为竞选奔波。在亚眠，说到竞选，她的家人立场明确：全家都支持法兰西民主联盟的吉勒·德罗比安参选，反对自 1971 年以来在任的共产党人勒内·朗。让·特洛尼厄在前者胜出后仍然不停地对其表示支持。

布丽吉特真的是右派吗？无论当年还是现在，从很多方面来看确实如此，比如她在某些社会问题上的立场。埃马纽埃尔·马克龙曾明确地告诉中学同窗，他来自于一个“传统的孟戴斯[2]派”家庭。与他

[1] 摘自 2017 年 7 月 29 日该朋友与作者的谈话。
[2] 皮埃尔·孟戴斯·弗朗斯（1907—1982），政治家，曾任法兰西第四共和国总理，以手段强硬著称。

完全相反，布丽吉特并非来自于左派背景下的家庭。她自认为比丈夫“更加保守”。例如，在政教分离的问题上，她自称“更加激进”，她从小受到的教育就是反对在大学里佩戴面纱。“我完全不是一个宽容的人，”她对记者安娜·福勒达说道，“我很咄咄逼人，这一点我毫不掩饰，对于发生在某些郊区的事情，我感到非常惊恐，这些姑娘任人辱骂，过着束手束脚的生活。”[1] 阿兰·芬基尔克劳[2] 也同意这种对于政教分离的看法，两人在一位好友家中共进晚餐时进行过讨论，阿兰认为在这一问题上“不能让步”。

由此可见，布丽吉特在奥朗德执政期间并不完全支持他。据法国RTL广播电台称，尼古拉·萨科齐也曾越过雷池一步。2017年7月5日，在爱丽舍宫用过晚餐后，他曾对自己的亲信说：“她很不错，她说会投票支持我。”布丽吉特私下却反驳说：“我从来没对任何人说过我给谁投票，以后也不会说，哪怕是埃马纽埃尔。”对于夫妻二人的好友来说，布丽吉特倒不算太神秘，他们都自动地把她归为右派。

早在1989年，布丽吉特就（已经）主张不给自己贴任何标签，但这样一种旨在拉选票的做法对她和共同参选的人来说并不够：3月12日，他们在第一轮选举中就败下阵来，约瑟夫·西格瓦尔德的团队进驻市政府。失败的原因主要是他们制订候选人名单时太过拘泥于精英主义：一位全科医生、一位放射科医生、两位教师、一位国家科学研

[1] 摘自《埃马纽埃尔·马克龙：一个如此完美的年轻人》，安娜·福勒达著，普隆出版社，2017年。

[2] 法国文学大师。

究院的研究员……“特吕克泰塞姆的未来”与当时仍然乡土气息浓重的本地民众并未真正处于同一层次。让尼娜·布里亚尔继续说道：“很简单：15 个人里面有 13 个知识分子，如今情况是不同了，可当年我们这里的农民比现在多多了；我们的对手西格瓦尔德先生正是农业信贷的行长。”[1] 朱斯坦·沃热尔当年就在胜出的西格瓦尔德的名单里，他分析称：“总之，他们没有一点胜算，因为很多人在村子里的知名度并不高，想胜出主要还是依靠知名人士。不过，当年可以从名单里删掉一个人，再补进新人，所以他们可以安排三到四个人进市议会。”[2] 布丽吉特·奥齐埃在选举中表现出众，但仍然没有进入这样的候补名单。

天生的政治基因

这一次经历还是让布丽吉特得以一窥政治世界，并在日后重返战场……这难道只算是一次不左不右的新手参选吗？从 2017 年总统选举往回倒推 28 年，当时的情况与“共和国前进”运动像极了，那次选举的初体验对布丽吉特来说确实是一种政治启蒙。她的女儿蒂费纳作为最近一次议会选举的候补候选人，似乎也对政治饶有兴味——同亚眠的家人一样，她在政坛也十分活跃。在 2015 年 3 月举行的大省选举中，只要向特洛尼厄一家出示投票完毕并加盖公章的选票，都可

---

[1] 摘自 2017 年 7 月 28 日让尼娜·布里亚尔与作者的谈话。
[2] 摘自 2017 年 7 月 28 日朱斯坦·沃热尔与作者的谈话。

以免费获得一枚马卡龙。特洛尼厄们承诺："投一票，尝一个！"第二年，这一家人又开始为"共和国前进"运动奔走，如今也在以他们自己的方式"让地球重新伟大起来"：他们为总统选举推出了地球形状的巧克力，并把部分利润捐赠给了世界自然基金会。

特洛尼厄家族的血液中是否有着某种政治基因？答案是肯定的，正如家谱学者让-路易·博卡尔诺所说，他发现这一家人在16世纪时有几位曾担任"长官"职务的祖先。"在那个年代，'长官'指的是被赋予一定警察和管理权力的人，基本上就是今天市长的前身。"[1]特洛尼厄家谱中有两位曾入驻爱丽舍宫的人物，马克龙夫妇对这二人一定非常熟悉。让-路易·博卡尔诺还说："现任第一夫人是弗郎索瓦·奥朗德众多表亲中的一员，他们的祖先既有16世纪沃市的贵族古贝家族，也有封建领主杜艾的后代。"布丽吉特还有更为显赫的家族关系，那就是她与瓦莱丽·特里耶韦莱[2]有着相同的家族渊源！让-路易最后说道："二人都是路易十七国王与其著名的第一任王后阿基坦的埃莉诺的后代。"如今是共和国的天下，可爱丽舍宫这一次实际上是在皇室内部易主！

在特吕克泰塞姆，很多人开始关注如今的爱丽舍宫。布丽吉特当年的共同候选人和朋友们都特别注意她的一举一动，不少人表示，尽管她当年没有当选市长，但相信她能够胜任总统顾问一职。"我认为她能够阻止埃马纽埃尔·马克龙作出某些决策。"让尼娜·布里亚尔

---

[1] 摘自2017年10月10日让-路易·博卡尔诺与作者的谈话。

[2] 记者、主持人，曾经是法国前总统奥朗德的女友。

说。“我感觉她比他更公正，也更有远见。”[1] 这位耄耋老人补充道，“我会谈到所有亟待改善的方面，包括司法、国民教育、警察部门等领域，我会给她分析其中的问题。”——如果布丽吉特·马克龙能够像特吕克人期待的那样回来一趟，让尼娜甚至可以亲手将自己制订的路线图交给她。特吕克泰塞姆的市政官员们还告诉我们，在政府合作伙伴的多番催促下，他们曾经思考过该用什么样的借口邀请她回来。几个老邻居组织一次小型的烤全羊活动？这个借口也许还不够。“得找个能体现人文关怀的理由。她一直很慷慨，是个乐于助人的人。”[2]

他们（几乎）向布丽吉特发出了邀请，甚至总统也可能毫不犹豫地陪她过去：因为几十年来所有特吕克泰塞姆人都会光顾的解放餐馆的菜单上，奶酪夹心肉排的种类不是一种，不是两种，也不是三种，而是达到了四种！牛肉片、鸡肉、带不带奶油都可以……埃马纽埃尔·马克龙绝不会再经历一次 2017 年 4 月 23 日痛苦的午餐遭遇：那一天，在一个高速公路的休息区，餐馆拒绝为他提供他最爱的菜肴[3]，仅仅因为他点的不是儿童套餐……不过，解放餐馆的老板让-保罗·沃勒兹向我们保证，他早在整个法国都发现总统先生的这个小嗜好之前就已经在售卖这道菜了！

此外，这里也并没有掀起“马克龙狂潮”。在总统选举的第一轮投票期间，这位“共和国前进”运动的候选人只获得了 25.74% 的支

---

[1] 摘自 2017 年 7 月 28 日让尼娜·布里亚尔与作者的谈话。

[2] 摘自 2017 年 7 月 28 日被采访者与作者的谈话。

[3] 即奶酪夹心肉排，它是深受法国儿童喜爱的一道菜肴，经常作为儿童套餐的主菜出现。

持率，被弗朗索瓦·菲永和他的 30.06% 支持率远远地甩在后面。另外，尽管第一夫人给当地人留下了美好的记忆，却也没有成为当地的大明星。“2016 年 5 月，《明星故事》杂志专门为她发了一篇名为《布丽吉特创造了马克龙》的文章，”她的一位老邻居说道，“结果呢，我不得不从特吕克的报刊亭把所有五本都买下来，因为一本也没卖出去！”[1] 不过，杂志中的丰功伟绩她倒是读得津津有味。“她的经历颇富传奇色彩，从她当年的平静生活来看，人们是无法预料到这一点的。我倒是认为她当年就不属于这儿！一想到她的出身，我就会纳闷她为什么来这里。她在经济部接触的人，那些知识分子啊、作家啊，她之前在这里的圈子根本无法与这些人相提并论！”在 1991 年的夏天，布丽吉特还远未接触到国家部委的黄金圈子。在下莱茵省的玉米地、草地和烟草田间生活了 7 年后，奥齐埃一家终于决定打包搬家。他们结束了位于虞美人路的房子的租约，因为安德烈-路易被调往法兰西外贸银行亚眠分行。至于布丽吉特，她则即将在神意中学邂逅自己的命运。

---

[1] 摘自 2017 年 7 月 29 日与作者的谈话。

“一份不同寻常的职业”

BRIGITTE MACRON

“她向我推荐加缪的《局外人》，我获得了很好的阅读体验。为感谢她的推荐，我送了她一本蕾拉·斯利玛尼的《温柔之歌》。几周后，她建议我也读一读这本小说。她就是我理想中的老师。她懂得传播对法国文化的热爱，传播方式不乏幽默。比如有一次，她对我说，维纳斯来自米洛斯，而不是米洛——这是我的家乡。[1]我还记得，当我模仿蒙彼利埃原始奇特艺术博物馆里几个相当病态的作品时，她都笑疯了。我们当时就像《无法碰触》里演的那样。”[2]

可以这样说，面对学生时，传承是第一要务。布丽吉特在巴黎任教的弗兰克林中学校长洛朗·普帕尔说：“她是个很特别的老师，她的风格新颖欢快，充满热情和活力。她致力于最大限度地发掘每个学生的潜力。简直就是一股旋风！从不会厌烦，也从不落俗套。”[3]阿尔诺·德·布列塔尼对我们说，布丽吉特就像一位“摆渡人”。这位现已退休的历史和地理教师曾在亚眠的神意中学与布丽吉特共事15年。“她是一位很讨人喜欢也很开放的同事。我们经常畅谈文学。她总是一副心情愉快的样子，跟每个人开玩笑。我对她的幽默印象深刻，她特别爱说笑。”布丽吉特在课堂上也会保持这样的状态，尽心尽力地调动学生的情绪。“她对所有学生一视同仁，”阿尔诺·德·布列塔尼继续说道，“我的两个女儿上过她的课，这是她们告诉我的。她的魅力就在于：她总是笑眯眯的、十分放松，她总能保持很积极的态度。她重视

[1] 此处影射的是雕塑《米洛斯的维纳斯》。法语中，希腊岛屿米洛斯和法国南部城市米洛发音相近。

[2] 摘自2017年11月1日阿迈德·艾拉达兹与作者的谈话。

[3] 摘自《布丽吉特，另一位马克龙》，载于《快报》2015年10月28日号。

每个学生，采用的是鼓励式教育法，这对于青少年来说非常重要。”[1]

布丽吉特的一个学生回忆说，她会在课后对他进行辅导，还有一个学生感谢她在他顶着父母的压力选择文科时给予的支持。对布丽吉特当年的学生进行采访，就像是在听他们描述一位非常善良的向导。“在我上理科一年级[2]时，她是我的班主任，”一位学生讲述道，“我们肯定没有文科班的学生成绩好，但她跟我们很亲近。她经常跟我们一起讨论，倾听我们的问题。我们和其他老师之间出现矛盾时，她总会毫不犹豫地维护我们。”[3]让-巴蒂斯特·德赛也有着相同的回忆，这位埃马纽埃尔·马克龙在神意中学的同窗对布丽吉特感激不尽。“年轻时，我曾经中止学业，在一家电影院工作了 3 年。当我想回到学校念文科一年级时，校长认为情况比较复杂：我与其他学生在年龄、成熟度和经历方面的差距都让人不太放心。在我的一再坚持下，他让我的班主任来作最终决定。一小时后，我见到了布丽吉特，没怎么费功夫就说服了她。她把这件事情视作一次机遇，对我在电影院的工作经历也很感兴趣。她就是喜欢不寻常的事情！我们几乎形成了一种朋友关系，这种关系还保持了下去。她的教学目标并不是灌输知识，而是创造某种富有热情的、扣人心弦的、充满互动性的东西。我们可以和她讨论任何话题，只要学生的眼中闪过一丝光芒，她会立刻把话题转移到那里。”[4]布丽吉特还不懈地鼓励学生走向社会，哪怕

[1] 摘自 2017 年 9 月 14 日阿尔诺·德·布列塔尼与作者的谈话。
[2] 即理科班高二。
[3] 摘自 2017 年 9 月 19 日该学生与作者的谈话。
[4] 摘自 2017 年 12 月 12 日让-巴蒂斯特·德赛与作者的谈话。

这会让他们产生些许困惑。“她特别酷，从来看不到她沮丧或者消极的样子，”另外一个曾在神意中学就读的学生克莱尔·帕基耶对我们说，“她举止落落大方，我记得在准备毕业会考时，我们讲到‘激情’这一话题，她问我们如何看待享乐的概念。在我们这种天主教私立学校里，没有人敢回答这样的问题，我们面面相觑，沉默不语。最后，她用一种非常轻快的语气说，时不时地取悦自己一下是有好处的！她就是有这种让我们放松下来的天赋。”[1]“她想培养年轻人的批判精神，引导他们去质疑、去思考，”让-巴蒂斯特·德赛最后说道，“她致力于激发文化的活力，她采用的教学方法并不完全是学院派的思路。她早就意识到自己要让文学重焕生机，她通过与我们的时代进行各种比较来为文学注入现代性，为此她常常提到热点时事、她自己的生活或者我们的生活。她非常了解我们，大家都很容易同她推心置腹。她就是那种你愿意向其吐露心事的老师。”她的幽默也令这位昔日的学生印象深刻：“她的幽默有时会变得非常尖刻。我曾经习惯在课上给她写小纸条，不是什么甜言蜜语，而是一些小故事、笑话、语录之类的。每次上语文课，我都会往她的包里塞小纸条，她也很喜欢看我给她写的东西，我也会在自己的物品中看到她趁我走出教室时写给我的回复。我被自己创造的游戏迷住了！不过，如果可能对学生造成伤害，她绝不会做类似的事情。她会针对不同的人调整她的幽默感。每当出现‘是否一切都可以拿来开玩笑’的争论时，她的回答总是‘是

[1] 摘自 2017 年 9 月 28 日克莱尔·帕基耶与作者的谈话。

的，但不要跟每个人开玩笑’。”还有人赞赏她乐于助人的品格，即便是毕业多年以后。总之，她令学生们为之着迷，并给他们留下了长久而深刻的印象。

布丽吉特的魅力无可否认地吸引着她的学生们。“我想男生们尤其受用！”[1] 阿尔诺·德·布列塔尼开玩笑说。布丽吉特用粉笔写字时总是戴着粉笔套，孩子们很难对这样的优雅无动于衷。“刚当上老师的时候，她就已经很会打扮自己了，”她的老同事说道，“学生们十分欣赏她在这方面的努力。”一个学生忆及此事时仍心潮澎湃。“我们有好几个人都对她心动了呢！”他说道，“上她的语文课那年，我听课格外认真！”[2] 克莱尔·帕基耶也说道：“她与男生之间有种特别的交流，那是一种诱惑力，但绝对没有坏心眼。她的课堂氛围十分融洽，很多学生都很入迷。”[3] 布丽吉特的女儿蒂费纳也见证了这种痴迷，如今身为律师的她承认曾经“嫉妒过那些给布丽吉特写信或打电话到家里来找她的学生”[4]。还有些学生曾手捧着花束，到奥齐埃家与他们共进晚餐。在布丽吉特看来，教学并不应该局限于课堂。她的另一个主要任务是带着学生去看戏剧，因为她本人对那些伟大的剧作家怀有无限的热爱。回到家乡后，她更是充分投入到了这一爱好当中。

---

[1] 摘自 2017 年 9 月 14 日阿尔诺·德·部列塔尼与作者的谈话。

[2] 摘自 2017 年 9 月 12 日该学生与作者的谈话。

[3] 摘自 2017 年 9 月 28 日克莱尔·帕基耶与作者的谈话。

[4] 摘自《马克龙一家》，卡罗琳·德里安、康迪斯·内代莱克著，法亚出版社，2017 年。

天意般的回归

1991 年，在阿尔萨斯生活了 7 年之后，奥齐埃一家又回到了皮卡第。安德烈-路易被调往亚眠，布丽吉特也在那里找到了新工作，她开始在神意中学任教。这所家喻户晓并久负盛名的学校被大家称为“帝中”。学校里有当地资产阶级家庭和中产家庭的孩子，也有几个来自巴黎的住校生，他们是为了解决青春期叛逆的问题来这里就读的。这所学校属于耶稣会，2017 年，该校囊括了自幼儿园至高三的教育，共有近 2000 名在校生在此学习如何“做人，做事；成功，成长”。课程安排十分抢眼，一如学校巨大的建筑群落。当你站在城市南部的圣康坦大街上时，是很难错过帝中的。在深色砖墙独栋住宅和路易-蒂利耶公立学区之间，是一片占地 14 万平方米，于 1940 年轰炸后重建的混凝土大楼。区内建筑的分布遵循实用原则，设计参考美式校园，有长 25 米的泳池、体育馆、田径跑道……也有哲学咖啡馆和田园风的设计。在这里，教学不仅限于上课。学校的官方网站上写着这样一句话：“我们希望能够让每一个学生发现和展现自己的才能。”在这里任教的 15 年间，身为语文教师的布丽吉特非常赞同这种教学方法。她的圣地在哪里？就在这片庄严的建筑群中心的一个小地方：剧院。记者马迪约 · 德拉乌斯是洛朗的表兄，曾在那里度过中学时代，他说：“我们每个人心中都有关于这座演出厅的记忆。如果墙壁会说话……”[1] 布丽

---

[1] 摘自《神意中学的少年往事》，载于《费加罗报》2017 年 5 月 31 日号。

吉特成了戏剧俱乐部的负责人，很快将剧场变为自己的私人领地。她似乎对这项艺术活动充满了热情。“她全情投入，”阿尔诺·德·布列塔尼证实，“她也很喜欢对学生进行戏剧启蒙，甚至曾带他们去了巴黎。”[1]

将近二十年后，安托万·若阿内斯仍然记得戏剧兴趣小组。“她成功地创造了一种氛围，一种不同于老师与学生关系的氛围。气氛很友好，师生之间没什么距离感。她会邀请我们去她家里排练，让我们直呼她的名字，有些人甚至用‘你’来称呼她。她与其他老师太不一样了！她会督促我们，但又不会给我们压力。她的身上散发着某种能够把我们调动起来的欢快气息。”[2]安托万的同学塞德里克·埃泰夫也表现得十分激动：“我当时念高一，这个兴趣小组让我放飞了自己。晚上放学后我们会为了兴趣小组而留在学校里：可想而知它多有吸引力！那段时光很快乐，她努力地让我们每个人都能找到属于自己的位置。她关心每一个学生。”[3]

那一年，有一个学生引起了她格外的关注，他的名字就是埃马纽埃尔·马克龙。1992 年 9 月，14 岁的他加入了戏剧兴趣小组，此前他并没有上过布丽吉特的课。初中四年级，在一次实习报告颁奖仪式上，布丽吉特注意到了他，他在报告中论述的是获奖后的虚荣心……不过布丽吉特更熟悉的是他的传闻。女儿洛朗斯曾对她说：“我们班

[1] 摘自 2017 年 9 月 14 日阿尔诺·德·布列塔尼与作者的谈话。
[2] 摘自 2017 年 10 月 17 日安托万·若阿内斯与作者的谈话。
[3] 摘自 2017 年 9 月 20 日塞德里克·埃泰夫与作者的谈话。

有个疯子，他什么都知道。”“他是个‘学霸’。”[1] 弗朗索瓦 · 吕芬[2] 也向我们证实了此事，不过很难断定他这是在向总统献殷勤……这位“倔强”的众议员也曾是神意中学的学生，他的妹妹甚至是埃马纽埃尔的同学。“他们是很好的朋友，总是为考第一名而争得不可开交。”

布丽吉特在教研室里也听说过马克龙的好成绩。刚刚进入神意中学就读初一时，他就引起了一些注意。大家谈论的首先是他极好的成绩，他的弟弟洛朗和妹妹艾斯泰勒也同样出色。不过更让人们感到吃惊的是他的成熟。可别被他房间墙上的彼得兔[3] 图案骗了！比起同龄人，“马努”[4] 似乎与成年人相处时显得更自在一些，他与同学之间的关系也只是单纯的伙伴，而非真正意义上的朋友。放学后，他经常留下来与老师们进行讨论。“另外一件令我印象深刻的事情是，9 月份刚开学时，他就已经了解课程安排了，”阿尔诺 · 德 · 布列塔尼继续说道，“虽然去了理科班，但他的文科更好一些。学年结束时，我甚至都怀疑自己是否真的让他有所收获。”[5] 追求女孩子？这可不是他最关心的事情。他倒是有过一个女朋友，是他的同班同学，和他一样有做医生的父母。他似乎真的爱上了她，甚至有一天从她家出来以后神情恍惚被车撞倒。然而，邂逅了布丽吉特后，他一声不吭地离开了她。

---

[1] 摘自 2017 年 7 月 26 日弗朗索瓦 · 吕芬与作者的谈话。

[2] 弗朗索瓦 · 吕芬作为左翼党派分子，曾倡议并组织示威游行，抗议马克龙政府的社会改革。

[3] 英国插画家海伦 · 碧雅翠丝 · 波特笔下的儿童漫画形象。

[4] 马克龙的昵称。

[5] 摘自 2017 年 9 月 14 日阿尔诺 · 德 · 布列塔尼与作者的谈话。

高二的马克龙很快就被老师搅得心绪不宁。布丽吉特也十分欣赏他的与众不同。“他真的和别人不一样，”她回忆道，“他与所有成年人保持一种平等的关系，我从来没见他对这种年龄上的差距有所顾忌。”[1] 另一个让布丽吉特留意到的特别之处是马克龙的表演风度。他在让·塔迪厄的《语言的喜剧》中首次探索了自己这方面的才华，该剧是布丽吉特·奥齐埃当年选择搬上舞台的。马克龙在剧中扮演稻草人的角色。在漫长的排练过程中，他的表演令布丽吉特着迷。“他在舞台上的表现太惊人了，我忍不住感慨‘台风太棒了！’”[2] 1993 年 5 月 17 日，在神意中学的年末演出中，她的看法得到了进一步证实。那天晚上，马克龙闭上眼睛，双臂交叉，语气夸张地感叹道：“啊，重生的感觉真好啊！”当时的布丽吉特还没有意识到这句话的先兆意义。

不可能的故事

第二年开学后，埃马纽埃尔·马克龙没有错过机会，报名参加了戏剧俱乐部并把全部精力倾注在里面。与此同时，他也开始挑战自己的老师……还是一副既热情又肆无忌惮的样子，腋下夹着好几本书，以对待同龄人的姿态同老师讲话。布丽吉特在《流星策略》中说道：“他对我说的并不是‘老师，或许您应该更大胆一些’，这再

---

[1] 摘自皮埃尔·于雷尔的纪录片《埃马纽埃尔·马克龙：流星策略》，2016 年。

[2] 出处同上页 [2]。

正常不过了。他过来的时候，包里装着一份薄薄的手稿，内容是埃德瓦多·德·菲利波的《喜剧的艺术》。我看了看，对他说：‘谢谢你，不过这里面只有五六个角色，可我手里有17个选修了戏剧的学生。’”正巧，马克龙有一个想法：在剧本中加入另外一些角色，尽量让戏剧小组的所有学生都参与进来——这其中就包括布丽吉特的女儿洛朗斯·奥齐埃，这也额外给了马克龙一个在课余时间见到布丽吉特的正当理由。1993年秋，剧本的改编工作正式启动并持续了数月。部分学生告诉我们，有时他们也会受邀参与改编，其中一人猜测：“她可能感到气氛有些不太对，所以不愿意与他单独相处。”[1]不过改编工作主要还是由他们两人完成的。布丽吉特称，在那段日子里，她感觉像“与莫扎特共事”（日后的“金融界莫扎特”初露锋芒）。每周五晚上，两人都会在神意中学一同工作好几个小时，有时是在布丽吉特的家中。年轻的马克龙很快就成了那里的常客，丝毫也不见外……他自己的家其实离得也不太远：奥齐埃和马克龙两家算是邻居，都在富人区亨利维尔。从布丽吉特家所在的圣西蒙路上的两层砖房到埃马纽埃尔家所在的高赫-德吕米利路的房子，只有240米。想要保持距离？这样的距离显然不够远。马克龙在自传《变革》一书中这样写道：“一切都在偷偷地进行，我也是偷偷地爱上了她。我们之间最初在学术上的共谋关系逐渐变成了一种微妙的亲近。我们无所不谈，写作已然沦为借口。”[2]

---

[1] 摘自2017年10月28日该学生与作者的谈话。

[2] 摘自《变革》（*Revolution*），埃马纽埃尔·马克龙著，埃克索出版社，2016年。

埃马纽埃尔·马克龙没有提到的是，那一年，对《喜剧的艺术》的改编并不是他唯一的文学作品。除了当年创作的诗歌，还有《巴比伦，巴比伦》这部描写埃尔南·科尔特斯冒险经历的流浪汉体裁小说，他后来没有找到愿意出版的人……据布丽吉特在亚眠的一位邻居说，这部作品偏重描写个人体验："当年我做的是打字工作，经常在附近看到他，有一天，他让我把他刚写完的一本300页的书打出来。"[1]这位邻居同意了，接着对书的内容深感意外："是一部很大胆的小说，甚至有些情色！书里的名字当然都不是真名，但我觉得他应该把他当年的感受表达出来了。"现在，这部手稿无疑会拍卖出高价来。这位邻居还开玩笑地说："可惜我没有保存下来，他倒应该还留着。早知道我就留下了！"确实很遗憾。署名"埃马纽埃尔·马克龙"的新式爱情小说？一定会令人津津乐道！

1994年初，与布丽吉特一同改写的剧本终于完成了。此前的几个月里，他们总是望眼欲穿地盼着周五晚上共事的机会。后来，布丽吉特延长了合作共事的时间，让埃马纽埃尔参与到剧本的舞台布景工作中来。让-巴蒂斯特·德赛告诉我们："我是导演，我们三个人在一起工作了很长一段时间。埃马纽埃尔当年已经非常出色，还很雄辩。我经常同他在戏剧课后讨论如何改变世界，布丽吉特看着我们俩争论不休，也乐在其中。她总是不走寻常路，性格里既有保守的一面，又有进步的一面。她一点也不像特洛尼厄家的人。她很

[1] 摘自2017年8月4日该邻居与作者的谈话。

酷，会让我们用‘你’来称呼她，这在我们学校里是不允许的。这一切使她成了一个令我们难忘的人。”不过，在三人共事的时光里，让-巴蒂斯特·德赛感觉他的同窗和老师之间建立了一种更加亲密的关系。“非常明显。他们相互吸引，这也是自然而然的事情。他们之间有着一种奇特的联系。”[1]布丽吉特不得不承认自己折服于这个浪漫少年的魅力、那一头蓬乱的卷发和他与诗人鲍里斯·维昂神似的气质，也无法否认他“影响了”她，并使她“越来越倾心于他”。布丽吉特曾在2016年承认：“我渐渐地被这个男孩的智慧吸引。我们已经在一起很久了，可我始终没有探到他的底。从一个老师的角度来看，埃马纽埃尔的能力远超正常人的水平。”[2]她还鼓励他参加法语比赛和由亚眠扶轮社[3]组织的辩论赛。他一次次在辩论赛中胜出，更加坚定了布丽吉特对他的评价。马克龙夫妇曾反复提到，尽管埃马纽埃尔只上过布丽吉特的戏剧课，后者还是很快发现了他的文学素养。也许正是因为这一点，马克龙总统有时会说布丽吉特是他的法语老师。两人之间实际上是一种相互倾慕的关系。布丽吉特说她从来没有在班上念过埃马纽埃尔的诗和作业，她的部分学生也证实了这一点。不过，据一个学生说，她会让埃马纽埃尔来到她的课堂上。“他跟我们不同班，但是曾经来我们班讲解过一本书。他与

[1] 摘自2017年12月12日让-巴蒂斯特·德赛与作者的谈话。

[2] 引自前述皮埃尔·于雷尔的纪录片。

[3] 为国际扶轮社在亚眠的分部。该非政府组织成立于1905年，在全球范围内推广人道主义援助项目，组织各种针对社区的活动，旨在促进世界和平。

我们同龄，讲课的样子却像极了老师。”[1]

喜剧时光

1994 年 5 月 26 日，皮卡第剧院光鲜亮丽的大厅里迎来了历史性的一晚：神意中学戏剧俱乐部的《喜剧的艺术》在这里上演。这部戏剧创作于 1964 年，刚刚搬上舞台就引起了争议。作者埃德瓦多·德·菲利波在剧中嘲笑国家，讽刺权力机构与演员之间种种复杂的关系。埃马纽埃尔·马克龙改编后的版本中穿插着许多亚历山大体诗[2]，他也将自己归入了演员的行列，在剧中扮演一个剧团的团长，想方设法把一位省长耍得团团转。演出大获成功，全体演职人员跑到餐馆里庆祝，当时坐在饭桌旁的有埃马纽埃尔和他的同学们——其中包括洛朗斯，以及布丽吉特和丈夫安德烈-路易。当时并没有人敢设想私底下发生的事情。克莱尔·帕基耶也是戏剧俱乐部的一员，她回忆说：“他们俩确实总在一起，并排坐在剧场里，但我只是认为他比较受宠而已，更何况他们之间的交流有很强的学术性。他们就某个话题进行讨论的时候，我甚至感觉自己被无视了！”[3]她笑着说道。“大家都感觉他们俩走得很近，但我们小组里并没有风言风语，”安托万·若阿内斯说，“他们之间有着一种明显的化学反应。当我听说

[1] 摘自 2017 年 9 月 19 日该学生与作者的谈话。

[2] 又称“十二音节诗体”，因中世纪法国的《亚历山大传奇》采用此诗格而得名。

[3] 摘自 2017 年 9 月 28 日克莱尔·帕基耶与作者的谈话。

他们在一起后，既不吃惊也不反感，因为这几乎就是故事发展的必然结果。即便在当年，他们俩也非常般配。”[1]当时，他们之间的默契在亲朋好友眼中仍然只是教学上的默契而已。布丽吉特的一个朋友说：“她被这个学生吸引，她终于找到一个能围绕文学跟她聊上几个小时的人了。”[2]

不过，他们之间美好融洽的关系，还是让一些看到他们周末肩并肩散步的人生疑。1994年暑假前不久的一个周日，一位曾经在神意中学任教的老师刚好在索姆河畔的纤道上碰到他们，他还记得当时吃惊的心情：“在周日看到老师与自己的一个学生一起散步，我多少有些意外。这件事我没有对任何人说起，只当成一个秘密。他们当时望着彼此，我到后来才明白是怎么一回事。”[3]很快，不止他一人发现了这段奇怪的浪漫关系：在亨利维尔这个小小的富人区，大家彼此熟悉，这样的秘密是保守不住的。

---

[1] 摘自2017年10月17日安托万·若阿内斯与作者的谈话。

[2] 摘自《而布丽吉特造就了马克龙》的文章，《明星故事杂志》，2016年5月号。

[3] 摘自2017年9月2日该老师与作者的谈话。

幸福的代价

BRIGITTE
MACRON

“每次读到有关我们俩的文章，我总是感觉像在看别人的故事，我们的故事其实很简单。”真的像布丽吉特·马克龙在《她》杂志中提到的那么简单吗？这应该是她后来总结出的感受……毕竟，在1994年的那个夏天，她41岁，他16岁；她是老师，他是学生。这样两个人可算不上天生一对……至少周围的人不这么认为。菲利普·贝松告诉我们，布丽吉特曾私下对他说，当时的情况让她的生活“支离破碎”，并向这位作家朋友感慨“在事情有悖于社会准则时很难做自己”[1]。

诚然，在她坠入爱河时，已经不是加布里埃勒·吕西耶的那个年代了。半个世纪前的1969年，这位在马赛的32岁的法语教师、两个孩子的母亲，因与一个16岁学生之间的情事被判处12个月监禁，缓期执行。布丽吉特很熟悉这出悲剧——加布里埃勒在宣判后自杀身亡。或许她也曾听过时任总统蓬皮杜在提到这起事件时引用的保尔·艾吕雅的诗句，“愿懂者自然会懂：我，我的悔恨，那是理所当然的受害者，她的眼神似迷失的孩童，而她像极了那些因被爱而死去

[1] 摘自《小说人物》，菲利普·贝松著，朱利亚尔出版社，2017年。

的亡魂。”[1] 布丽吉特也许还看过安德烈·卡耶特根据加布里埃勒的经历改编、由安妮·吉拉尔多主演的电影《因爱而死》。相较而言，这一切似乎离她很远。布丽吉特也很幸运，埃马纽埃尔·马克龙的父母——与克里斯蒂安·罗西[2] 的父母正相反——并没有起诉她，不过对儿子的选择并不满意……非常不满意。

“当然了，我们可没有拍手叫好！”[3] 马克龙的母亲弗朗索瓦丝·诺盖斯说道。这样说算客气了。这一令他们始料未及的真相可谓晴天霹雳，他们有一阵子还以为儿子爱上的是奥齐埃家的另一位成员——他的同班同学、布丽吉特的女儿洛朗斯。然而，他越来越频繁地秘密约会的对象并不是洛朗斯。父母还以为他那时正在备战法语会考。他们完全没有理由怀疑勤奋学习的儿子的话……直到 1994 年春季。那一天，埃马纽埃尔的一个朋友打电话找他，于是问题出现了：家人以为埃马纽埃尔整个周末都和这位朋友在他祖母的家中，为考前最后冲刺复习；他甚至每天还给家人打电话，汇报自己的复习成果！埃马纽埃尔回到家时，气氛一度有些紧张……当发现儿子迷恋的是自己的老师时，他的父母大惊失色。年轻的埃马纽埃尔拒绝接受劝说，于是父母特意叫布丽吉特来说服他。一番痛苦的较量就此上演。他们在布丽吉特那里也没有成功，无论是哀求的语气——如果和她在一起，他就不会有自己的孩子了——还是威胁的口吻，都未能奏效。面

---

[1] 摘自《和德国人会面》中《愿懂者自然会懂》一诗，保尔·艾吕雅著，午夜出版社，1945 年。

[2] 与加布里埃勒·吕西耶恋爱的高中生。

[3] 摘自《埃马纽埃尔·马克龙：一个如此完美的年轻人》，安娜·福勒达著，普隆出版社，2017 年。

对禁止在埃马纽埃尔成年前见他的要求，布丽吉特哭着回答说，她作不了任何承诺。似乎再也没有什么能够将她与这名高中学生分开，哪怕是亚眠与巴黎之间150千米的距离——这段距离本应让这个显然不可能有结局的故事匆匆结束。

异地

几个月前，布丽吉特鼓励埃马纽埃尔去巴黎完成理科高三的学业。布丽吉特曾断言从未被比自己年轻的男性吸引，后来却不得不承认确实很喜欢埃马纽埃尔，这也让她的家庭生活陷入危机。高二结束后，马克龙夫妇打算让儿子转学到久负盛名的亨利四世中学（Lycée Henri-IV），起到决定性作用的却是布丽吉特的首肯。埃马纽埃尔承认，“由于个人感情问题，我的处境一度变得很艰难”[1]。总之，这位“回头的浪子”在收拾行李时就已经在策划回程了。他动情地对自己的戏剧教师说：“我不会放手的！我会回来娶你。”他最终实现了这个计划……过程却不无坎坷。

1994年9月，他住进了皮埃尔-玛丽-居里路边的一个小房间，离亨利四世中学很近。“我走的是福楼拜和雨果这样的人物走过的路，”如今回想起来，他仍然十分兴奋，“我满怀着成为少壮派文豪的贪婪野心。”[2]不过，这位“少壮派”在开学之初遇到了一些挫折。尽管在

[1] 摘自题为《文学密语》的访谈，载于《新观察家》杂志，2016年2月16日号。
[2] 摘自《变革》，埃马纽埃尔·马克龙著，埃克索出版社，2016年。

神意中学成绩优秀，可现在他身处的环境完全不是一个量级。在这所优等生学校里，曾经常年独占鳌头的他只是中下等水平——据他母亲说，也就是十一二分的水平——不得不加倍努力。不过，往昔的亚眠生活里最令他怀念的显然不是完美的成绩单……

布丽吉特回忆道："第一学期还算正常，我们总是给彼此打电话，一聊就是几个小时。"[1] 她无法继续否认事实，彼此走得太近，感情不可抑制地萌生。"他以一种令人难以置信的方式，耐心地一点点克服了所有阻碍。"几周后，她不再刻意同他保持距离，一有机会就跑到巴黎去。每个周末，他也都会带着满满一箱待洗的衣服回到亚眠，脑子里只有一个念头：去见布丽吉特。神意中学的几个老校友都声称曾在周日晚上看到他们在火车站告别。埃马纽埃尔已经不那么小心地隐瞒自己的故事了，对新朋友们尤其坦诚。他曾告诉亨利四世中学的几个同学，他正与自己的老师热恋，不过并未透露细节。

布丽吉特却仍然被迫保持沉默。为什么不对朋友们说？因为她们都与她的丈夫相熟，一旦知道真相，一定会反应过激。她唯一的知己是使她感受到善意的热尔梅娜·诺盖斯，也是埃马纽埃尔·马克龙深爱的外祖母"马内特"。正是她让埃马纽埃尔爱上了阅读，这位小外孙在 5 岁时就要求与她一起生活。埃马纽埃尔在其自传中一再歌颂的这位外祖母——连他的父母都没有这个待遇！年轻的埃马纽埃尔也只能向外祖母吐露这段感情。曾担任中学校长的外祖母起初感到震惊，

[1] 引自前述皮埃尔·于雷尔的纪录片。

但很快接受了这个事实。据弗朗索瓦丝·诺盖斯称，热尔梅娜对待自己的孩子都从未如此宽容，把一切爱都给了自己的外孙，并同他相处得水乳交融。布丽吉特承认："如果没有得到她的同意，这一切都不可能发生。"[1]她每周都会去拜访热尔梅娜，一去就是整个下午。布丽吉特说："她酷爱拉封丹，我也是。"热尔梅娜经常对埃马纽埃尔·马克龙说，布丽吉特"只爱他一个"。两位女士的共同点还真不少！热尔梅娜的家成了布丽吉特的避风港，将她同不久后在外界的遭遇隔离开来。

布丽吉特的家人也渐渐发现了她的秘密，表现得远没有那么善解人意。特洛尼厄家族不喜欢丑闻，完全没有想到二人会在家族的房子里上演闹剧。2016年，一位家庭成员对《明星故事》杂志谈起，"让-克洛德·特洛尼厄不在家的时候，埃马纽埃尔就会偷偷来到正在游泳池旁晒太阳的布丽吉特身边；让一回来，他就裹着浴巾逃到灌木丛里去。"然而，这位长兄还是在花园里撞见了二人，当面对质的一天终于来临，并由此引发了多次争吵。自掌管家族企业以来，让-克洛德·特洛尼厄成了与父亲同样远近闻名的人物。对比自己小20岁的妹妹，他毫不犹豫地开始了家长式的统治，扮演起父母未能完成的角色：父亲于1994年1月逝世，年迈的母亲也在1998年2月于84岁高龄时撒手人寰。哥哥姐姐们轮番轰炸，声称二人的关系伤风败俗；布丽吉特却回答说，无论这段关系能持续多久，她都要尽情享受。她无法说服他们看清这段感情的必要性：尽管她一再强调自己始终把埃

[1] 摘自《埃马纽埃尔·马克龙：一个如此完美的年轻人》，安娜·福勒达著，普隆出版社，2017年。

马纽埃尔·马克龙当作同龄人来看待，家人却一直抓着24岁的年龄差距不放。除了这段禁忌之恋，成为说三道四的对象也让他们很不舒服。与特洛尼厄这个名字相配的是马卡龙，不该是马克龙！

流言与指责

流言还是渐渐传开了，特洛尼厄一家并非什么也没有察觉到：他们收到了匿名信——神意中学的老师也有相同的遭遇。一位家庭成员甚至提到“有人到家门口吐痰”。不管这是不是危言耸听，当时的态势确实紧张到了极点，特洛尼厄家族十分气愤，家庭成员与这位小女儿的关系降到冰点，甚至让她独自在勒图凯生活了好几年……她就这样被自己口中“热情而相亲相爱”的哥哥和姐姐们遗忘了。她从此被隔绝在父母留给她的莫内让别墅里。在海边时，尽管哥哥、姐姐们就在隔壁的更衣室里，却始终与她形同陌路。

不过，比起布丽吉特的小家庭中将要发生的事情，这些都不算什么了。布丽吉特的丈夫在得知真相后，反应十分强烈。自己的地位被女儿的同班同学、那个经常到家里来做客的少年取代？这样的创伤很难抚慰。这位银行家——据称并非是个感情用事的人——二话不说就离开了。不过两人直到十几年后的2006年1月才正式宣布离婚——善后并非易事。他们的分手毫不拖泥带水。他带着错愕的心情离开了圣-西蒙路上的家，再也没有回去过。奥齐埃一家当年的两位邻居说：

“我们再也没见过他，他就像人间蒸发了一样。”[1]“这对他来说简直是一记耳光！”安德烈–路易的一个熟人称，“我很理解他，发现自己的孩子们也很喜欢埃马纽埃尔，我想这对他来说同样难以接受。”[2]记者西尔维·博美勒透露，安德烈–路易·奥齐埃甚至没有出席自己母亲的葬礼，生怕在葬礼上碰到前妻。据她分析，“发生了这样的事情后，他不想再被任何人找到。”[3]

布丽吉特则同三个孩子留在了亨利维尔的房子。她继续在神意中学任教。同事们完全了解她内心的煎熬。“那是真正的勇气，也是慷慨而隐忍的决心，”埃马纽埃尔·马克龙在《变革》一书中感叹道，“那时，她有三个孩子和一个丈夫，而我，我只是个中学生。她爱的不是我所拥有的东西，不是某种状态，也不是随着我的出现到来的安逸或安全感。她为我放弃了一切。但与此同时，她无时无刻不在担心孩子们的感受。她没有强迫他们接受任何东西，而是让他们明白，曾经不可设想的事情也是可以实现的。”[4]对于这个问题，布丽吉特有更加细腻的解读。“我知道我伤害了孩子们，这是最令我自责的一件事，”她在《她》的采访中坦白说，“但是我不得不这么做。人的一生中总会有几个作出重大决定的时刻。对于我来说，那个时刻就是如此。”[5]

---

[1] 摘自2017年8月4日被采访者与作者的谈话。

[2] 摘自2017年10月11日该熟人与作者的谈话。

[3] 摘自载于2017年4月28日《每日邮报》上的一篇文章。

[4] 摘自《变革》，埃马纽埃尔·马克龙著，埃克索出版社，2016年。

[5] 摘自题为《叫我布丽吉特》的采访，载于《她》杂志，2017年8月18日号。

埃马纽埃尔和布丽吉特的关系从此不再完全处于地下状态，不过还远没有为他人接受……布丽吉特称，她从不认为他们之间的爱情是一种忤逆之举，可二者还是太过相像，容易被人混为一谈。当然，没有人敢与她当面对质，尤其在神意中学，大家都不太想讨论这个问题……“事实并非我在媒体上看到的那样。我们从不谈论这件事。”[1]布丽吉特的同事阿尔诺·德·布列塔尼对我们说道。然而，从四下响起的冷笑到突然借口没有时间与她共进午餐的朋友可以看出，反对的态度昭然若揭。据称，布丽吉特甚至主动孤立了自己：在街上遇到老朋友时，她总是回避他们的目光。“人们像躲瘟神一样避开马克龙夫妇，他们就是这样一路走来的。”一位熟人分析说，“她不会突然提起这件伤心往事，但无意中岔开话题的时候，她曾经对我说她失去了所有的朋友。曾经与她一同出门度假的朋友们一夜之间都不愿再同她讲话。”[2]离开安德烈–路易·奥齐埃并与埃马纽埃尔·马克龙在一起，她与自己的圈子和此前的生活一刀两断。然而她无法与自己的学生展开新生活，一种更加隐匿的生活，毕竟她的孩子们都在亚眠上学，她也还在神意中学任教。

接下来便是长达几年的异地恋。在理科会考中获得“非常好”的评语后，埃马纽埃尔·马克龙自此在父母买下的安康路上的一间小公寓里安顿下来并继续自己的求学之路。他先在亨利四世中学上完了文科预科一年级和高师预备班，随后分别在楠泰尔大学和巴黎政治学院

[1] 摘自 2017 年 9 月 14 日阿尔诺·德·布列塔尼与作者的谈话。
[2] 摘自 2017 年 9 月 12 日该人与作者的谈话。

获得了哲学硕士学位和哲学深入研究学习文凭[1]，接着在位于斯特拉斯堡的国家行政学院学习3年，其间在法国驻尼日利亚使馆实习6个月……他的求学经历紧锣密鼓，也结识了不少人，在阿尔萨斯认识了日后与他在国家高层共事的几个人物，包括弗朗索瓦·奥朗德总统的通讯顾问加斯帕尔·冈策、贝特朗·德拉诺和安娜·伊达尔戈[2]的办公室主任马蒂亚斯·维舍拉以及同样从巴黎市政府升任至爱丽舍宫的奥雷利安·勒舍瓦利耶。这个未来要人的小圈子在2002—2004年间组成“大水牛协会”，整日混迹于邦尼餐厅，流连于啤酒与卡拉OK之间，畅饮开胃酒……埃马纽埃尔·马克龙却并没有全身心投入这样的大学生活，他每个周末都迫不及待地与布丽吉特相会。“有些人留在斯特拉斯堡复习功课，他却更想回到勒图凯去。”加斯帕尔·冈策回忆道，“每个周五，西班牙语课一结束，他就一路跑到火车站，跳上车。”[3]有人认为他之所以两次报考巴黎高等师范学院后落榜，正是因为受到了这种双重生活的束缚。在埃马纽埃尔·马克龙看来，无论如何，未来还很远；而此时的布丽吉特仍然留在亚眠，生活中充斥着她日后时常提起的“乡下流言”。

[1] 也称博士预备资格学位，为法国1964—2005年颁发的一种文凭，相当于目前的硕士二年级（即硕士毕业文凭）。

[2] 贝特朗·德拉诺和安娜·伊达尔戈曾先后任巴黎市市长。

[3] 摘自《政治是一种搏击运动》，加斯帕尔·冈策著，法亚出版社，2017年。

二人小世界

对两人的指手画脚并不仅限于皮卡第这一个地方。当埃马纽埃尔·马克龙把自己的爱人介绍给他在巴黎的朋友们时，他们也丝毫没有掩饰震惊的表情。这样的选择意味着他将无法拥有自己的孩子，很多人对此深存疑虑。有些人表达的意见则很不客气。2006 年 9 月，埃马纽埃尔带布丽吉特参加国家行政学院同学塞巴斯蒂安·韦伊和西比勒·珀蒂让的婚礼时，有些人吃惊于他带来了一位穿着一袭白色短裙的“没什么气质的五十多岁妇女”。[1] 两人的年龄差距引发了议论纷纷。他们在一年后举行的豪华婚礼是否为了一劳永逸地证明他们之间相爱呢？当然。埃马纽埃尔·马克龙希望借此让那些对他们评头论足的人“闭嘴”。2007 年 10 月 20 日，布丽吉特·特洛尼厄，同样身着白色短裙，走进了勒图凯市政府。这是她的地盘，离她的别墅只有 400 米远。33 年前，正是在这里，同一位市长莱昂斯·德普雷（现已逝世）批准了她与安德烈–路易·奥齐埃的婚姻。离婚后，她终于可以为自己与埃马纽埃尔·马克龙的爱情正名，并把第二枚戒指戴在他手上——她曾经给过他三枚戒指，他将它们戴在右手上，随后赴尼日利亚开始了实习生活。

“荣誉厅不算太大，”莱昂斯·德普雷放弃了在婚礼大厅举行仪式的传统，他在 2015 年回忆说，“气氛和往常一样热烈。”[2] 米歇尔·罗

[1] 摘自《马克龙一家》，卡罗琳·德里安、康迪斯·内代莱克著，法亚出版社，2017 年。
[2] 摘自《神秘莫测的马克龙先生》，马克·恩德维尔著，弗拉马里翁出版社，2015 年。

卡尔和西尔维·罗卡尔夫妇、加斯帕尔·冈策、马蒂亚斯·维舍拉、亨利·埃尔芒、马克·菲拉奇……所有人都来到了这对新人身边，特洛尼厄家的人也在场，此外还有塞巴斯蒂安、洛朗斯和蒂费纳。接下来的婚礼在十分别致的威斯敏斯特酒店的一个大厅里举行。埃马纽埃尔在致辞中说道："在场的每一位都在过去的 13 年中见证并认可了我们的经历。是你们成就了今天的我们——这种不太寻常但绝对存在的夫妇。我要感谢你们对我们真诚的爱。我还要特别感谢布丽吉特的三个孩子，这对他们来说尤其不易。"孩子们对他显然毫无敌意，蒂费纳坚称这样一个重组家庭再正常不过。"多亏了他们，我们的结合成了一种再寻常不过的存在。"埃马纽埃尔·马克龙在那天以这句话结束了致辞。

起初，这种"寻常不过"并未为其身边的人所接受……然而，10 月 20 日那天，埃马纽埃尔的父母也在。他们早已于 1999 年分道扬镳——但直到 2010 年才正式离婚——却同埃马纽埃尔的弟弟和妹妹一样出席了婚礼。弗朗索瓦丝·诺盖斯甚至参与筹备了婚礼，为仪式挑选了乐曲，包括新人入场时播放的《拉德茨基进行曲》。不得不说，紧张的状态持续了几年后，他们与这位出乎意料的儿媳妇之间的关系最终还是缓和下来。弗朗索瓦丝最初有些举棋不定，最后还是勉强表示接受。她意识到自己的儿子不会改变主意，而且，有了布丽吉特，"就算让蕾蒂西娅·卡斯塔[1]脱光了站在他面前，他都不为所

[1] 法国名模，曾被《滚石》杂志评为"最性感的女人"。

动”[1]。她就这样同意了这份“形影不离的爱”，并尝试努力了解这位中学教师，甚至在2000年与这对夫妇、蒂费纳一同赴巴涅尔-德-比戈尔度假。很快，她就与这位只比她小3岁的儿媳成了朋友。“我猜她见布丽吉特的时间比见埃马纽埃尔的时间还多。”[2]安娜·福勒达对我们说道。两位女士日后还形成了定期在巴黎共进午餐的习惯，弗朗索瓦丝·诺盖斯当时已在巴黎定居，并成了社会保障局的顾问医生。

婚前几个月，布丽吉特也彻底离开了亚眠和神意中学。在此之前，她一直在这两座城市之间奔波，想办法把自己的课都安排在三天内上完。直到2007年9月，她来到位于巴黎第十六区的名校圣路易-德-贡扎格中学任教。这所学校别名富兰克林中学，是一所天主教学校，布律诺·勒梅尔[3]的母亲曾经长期担任该校的校长。在这所招生条件严苛、同样受耶稣会管理的知识殿堂里，“BAM”——学生们给布丽吉特·奥齐埃-马克龙起的代号——很快找到了自己的位置。

在晚上，布丽吉特则投入到一份完全不同的事业当中。2007年8月，埃马纽埃尔·马克龙被任命为推动法国增长委员会（即大家熟知的阿塔利委员会）的副报告人。这位年轻的财政监察员从此在妻子的协助下开始征服新世界。同在委员会工作的律师让-米歇尔·达鲁瓦曾邀请这对夫妇到他乡下的房子去做客。布丽吉特把泳池里的客人

[1] 摘自《埃马纽埃尔·马克龙：一个如此完美的年轻人》，安娜·福勒达著，普隆出版社，2017年。
[2] 摘自2017年4月25日安娜·福勒达与作者的谈话。
[3] 现任法国财政部部长。

们逗得开怀大笑，迅速得到了他们的青睐，而她三十出头的丈夫一身西服革履，显得有些不太自在。[1]总的来说，她适应得很快。更巧的是，她喜欢社交，亚眠的上流社会曾将她排除在外，导致她在数年内没有社交的机会。马克龙夫妇在巴黎第十五区的法尔吉埃路买下了一套 80 平方米的公寓，她经常邀请客人来家里共进晚餐。“她非常平易近人”，亲朋好友都这样评价道。

埃马纽埃尔于 2008 年 9 月入职罗斯柴尔德银行后，布丽吉特社交上的天赋对他起到了巨大的帮助作用。银行实行弹性工作制，布丽吉特十分支持他的工作，更何况，正如他的朋友所说，家里也没有幼小的孩子让他分心。夫妻二人充分享受这种天堂般的生活，直到 2012 年 5 月，未来的法国总统初入爱丽舍宫，成为副秘书长。“几年之后，我终于成功地过上了自己想要的生活。尽管阻力重重，我们俩始终形影不离。”[2]他在自传《变革》中满怀激情地写道。这些巨大的阻力日后很快成为他在选举中的一个论据，也标志了他的决心。不过，在当时，这对夫妇只是单纯地享受着这种幸福，这种他用极大代价换取来的幸福。“为了维护我们的爱情，我们不得不艰难地应付各种充满恶意的言论、嘲笑和风言风语。”[3]布丽吉特总结道。然而他们并不为这种代价感到后悔。2017 年 4 月 20 日，在社交软件色拉布上的一次采访中，埃马纽埃尔·马克龙也表达了这种

---

[1] 摘自题为《比比（布丽吉特的昵称）的命运》(*Le destin de Bibi*）的文章，载于《观点报》，2017 年 5 月 11 日号。

[2] 摘自《变革》，埃马纽埃尔·马克龙著，埃克索出版社，2016 年。

[3] 摘自题为《在木星轨道之上》的一篇人物介绍，载于《卫报》，2017 年 10 月 20 日号。

态度。“您好，先生，我好像爱上我的刑法教授了，您能提供一些建议吗？”一个网民问道。“首先，要确定她是否对你也有同样的感觉。如果有，那就大胆追求吧。”

权力中心

BRIGITTE MACRON

“绝不！”2014年8月20日，洛杉矶的一家餐厅，马克龙夫妇正要结束在美国西海岸的行程，并决定与格扎维埃·尼埃尔[1]和德尔菲娜·阿尔诺共进午餐。尽管四人身处距巴黎9000多千米以外的地方，他们的话题却很快聚焦在爱丽舍宫上。埃马纽埃尔·马克龙是否打算重新步入政坛？这位自由电信的老板暗自揣测。“绝不，绝！不！”埃马纽埃尔发誓说道。两个月前，他刚刚从总统府副秘书长的职位上离任。此前的两周，弗朗索瓦·奥朗德将他先后排除在担任财政部部长（曼努埃尔·瓦尔斯本想推荐他担任此职务）和总统府秘书长（皮埃尔-勒内·勒马刚刚卸任）的人选之外……他选择离开，同时不忘向他的妻子致敬。他在自己的离职酒会上先赞美了她的“审慎”和“完美的智慧”，随后说道：“你是将我同真实生活重新联结起来的纽带”。这位曾经的银行家有什么新打算？重回私营领域：在伦敦和柏林组织关于“欧洲改良主义”的课程，与伊斯马埃尔·埃梅里安和朱利安·德诺尔芒迪（日后的爱丽舍宫特别顾问兼国务秘书）一同建立网上教育类初创企业……他完全作好

[1] 法国伊利亚德电信集团副总裁，法国移动运营商自由（伊利亚德旗下品牌）的创始人。

了结束假期的准备，然而，布丽吉特似乎并不相信这些计划能够实现。“他不会成功的！”那一天，她对格扎维埃·尼埃尔和德尔菲娜·阿尔诺这样说道。她没有想到的是，自己的直觉会如此之快地变为现实。

6天后，布丽吉特和她的丈夫在勒图凯街头骑车闲逛时，埃马纽埃尔接到了改变他命运的电话。电话的另一头是弗朗索瓦·奥朗德，他希望埃马纽埃尔·马克龙接替阿尔诺·蒙特布尔出任经济部部长，因为后者的“振兴年份酒”[1]真是让他有点醉了……当布丽吉特看到阿尔诺这位“法国制造”的颂扬者在弗朗吉-昂-布莱斯大出洋相时，就预感到总统会给她的“马努”打电话。现在就等他们作出决定了——他们当机立断，立刻乘专车回到巴黎。当天晚上，作为新任经济部部长，埃马纽埃尔并不能直接回到他们位于巴黎第十五区的家中，因为已经有记者等在家门口，他可不能让他们拍到自己以一身翻领运动衫配短裤的形象——这是他在勒图凯常穿的便服——开始部长生涯……布丽吉特·马克龙意识到：他们的生活变了。他们两个人的生活都变了。

[1] 阿尔诺·蒙特布尔在参加弗朗吉-昂-布莱斯（也是其作为社会党内总统候选人参加总统选举时的选区）的“玫瑰节”时，活动组织者曾建议将当年主推的葡萄酒命名为“振兴年份酒”，时任经济、生产振兴和数字化部部长的蒙特布尔本人对此表示支持，并在节日当天当着大批记者开玩笑说：“我得给总统寄去一瓶‘振兴年份’的好酒！”

“不容置疑的一部分”

对她来说，当年的秋天同样有些不平静。9月份，这位文学教师开始了她在弗兰克林中学的第八个学年，可她很快意识到自己已经不像以前那样自由了。首先，她不再是无名之辈，媒体从她丈夫进入政府开始便对这对夫妻产生了兴趣；其次，部长埃马纽埃尔·马克龙的作息安排打乱了一切。众所周知，她会在自习室里与学生们待上几个小时，以“激发他们的天赋”，可如今她却有了新的关注点。“丈夫成为部长以后，她对我们说，她比以前更忙了。”[1]她的一个学生回忆道。埃马纽埃尔·马克龙在罗斯柴尔德银行工作期间，布丽吉特就曾经历过几个十分忙碌的时期，很少能见到自己的丈夫。这一次，她不想再落在他后面，一方面担心丈夫被那些围绕其备受争议的法案[2]展开的喋喋不休的辩论搞得精疲力竭，另一方面害怕政治会将两人渐渐分开。“我们俩总是难舍难分。”至少在她回忆中是如此。

他比以往更加需要她的意见，甚至让她来管理自己的日程表。她也越来越多地参与到了他的职业生活中，并同意搬到经济部所在的贝尔希路139号，以节省在路上的时间——她的日程有时会从早上6点一直安排到第二天深夜两点。在此环境下，她很难保证每周18个小时的高二和高三法语及拉丁语课程。她不像丈夫那样有失眠的问题，

---

[1] 摘自2017年11月18日该学生与作者的谈话。

[2] 即“马克龙法案”，是马克龙在担任经济部部长期间推出的重要劳动改革举措，旨在促进经济增长，其中包括允许商店在周日营业。

两人半夜里对一天的总结——用她自己的话说——让她感到“痛不欲生”。热拉尔·科隆告诉我们：“有一天，她对我说：‘我要累死了。我已经没有时间备课了。我配不上我的学生。’”[1] 她也曾在 11 月份向好友承认自己无法坚持下去了。

结果呢？尽管已经下决心教完这一学年，她还是作出了此前完全无法想象的一个决定：放弃自己的职业。这是一个艰难的选择，她如今也承认十分怀念学校的教室……是的，可这是丈夫向她提出的请求。“他请求我放弃（教学）的时候，我说可以。这其实对他有好处。我负责与日常生活有关的一切事务。我了解他的需求。”[2]2015 年 6 月，她暂停了教职并很快彻底退休。与学生告别的时候，孩子们送给她一件巴黎圣日耳曼足球队的球衣（这份礼物至少不会被作为马赛队球迷的埃马纽埃尔·马克龙偷了去）。尽管离开并非出于自愿，她还是在经济部举行了一次小小的庆祝活动。搬入新家后，她终于可以自由地一展身手。

2015 年 11 月，Canal+ 电视台《副刊》栏目的镜头对准了经济部部长。记者热罗姆·贝尔敏在参加一次工作会议时发现了一位出乎意料的合作者。他说：“会议桌上有个意外：部长右边坐着的是布丽吉特·马克龙。”“我的妻子并不是我办公室的成员，我想明确这一点。她没有拿法国纳税人一分钱。”当天主持会议的马克龙一上来就说道，“她大部分时间都在我的办公室里，因为我很重视她的看法，我认为

[1] 摘自《马克龙夫妇：丈夫、妻子与合伙人》，载于《新观察家》杂志，2016 年 9 月 1 日号。
[2] 尼古拉·普里塞特，同前书。

这很重要：一个人不开心的时候是做不好工作的。”因此，她从事的是一份非正式且自愿的工作，却又是一份实实在在的工作。她不经手纯粹的经济文件，却关注着这以外的一切，还会出席战略会议。工作计划的统筹？她来做。接待记者？有时是她。审读演讲稿？也是她。部分招聘工作？还是她。2015 年 12 月接替安娜・鲁宾斯坦出任部长办公室主任的苏菲・菲拉奇律师就是她举荐的。

布里吉特十分关心丈夫身边的同事。每天早上，她都会在各个办公室走上一圈，同四十多位同事一一聊上两句。她亲切的一面与她的性格十分相符……也许还有助于缓和由于她整日出现在办公室而引起的紧张气氛。

部长身边的某些人失望地发现他们失去了一部分权力。“我们必须同时向他们两人汇报”，一名顾问回忆说，“由于她作的决定和他一样多，我们总搞不清该先向谁汇报。”[1] 布丽吉特是在扮演掌舵人的角色吗？这样说也许有些过分，但她确实证明了“比比”在部长身边的重要程度。她每次出席会议都雷打不动地坐在埃马纽埃尔・马克龙的右边——他第一次是用自己的外套为她“预留”了这个座位。2016 年 8 月 30 日，在埃马纽埃尔向团队宣布辞去部长职务时，她同样站在他右边。那一天，他说道：“布丽吉特来到我身边，是为了对各位表示感谢，因为她也是办公室生活的一部分。”“非常感谢大家留给我的一席之地，真的。”她擦着眼泪动情补充说。“这个位置很不显

---

[1] 摘自《布丽吉特・马克龙：亲密爱人》，载于《挑战》杂志，2017 年 5 月 9 日号。

眼，又不那么寻常，但对我们俩来说非常重要。”未来的总统候选人最后总结道。

这个位置“不显眼”？他身边的一部分人可不这么想，相反，他们认为这个位置太显眼了。在经济部，所有人都很清楚，部长夫人之所以不在机构人员名单里只是为了照顾他们的情绪。埃马纽埃尔·马克龙在2016年1月面对《时代》杂志记者亚当·萨热对这种不明不白的状态所持的怀疑态度时就公开表达了这重考虑。在这篇介绍性文章中，他被描述成一个“将妻子带进办公室的政客”，他解释称：“她没有拿纳税人的钱，也没有官方职务，否则会让办公室的其他人感到很为难。”因此，这是一种形式上的选择，实际上丝毫没有减弱她的重要性。当面向上司抱怨这种情况是没用的：大家都知道布丽吉特是他“不容置疑的一部分”，无论在生活上还是在工作上。

布丽吉特却一直在尝试减少这样的影响。在Canal+电视台的《副刊》栏目中，她否认自己是“他的动力”。“完全不是。他知道怎么做，不需要任何人的帮助。”她回答说，但随即又指着围坐在桌子旁边的办公室成员说：“也不是，他需要他们。”她还真是谁也不得罪。如今，她依然坚定地说他并不总是听取她的看法，尽管20年来他一直在寻求她的建议。他的一个朋友分析称：“他无论做什么事情都要先问问她的意见，大到招聘办公室成员，小到穿衣理发。”[1]他们的亲友也十分乐于强调这对形影不离的夫妻在精神上对彼此的“潜移默

[1] 摘自《马克龙夫妇：丈夫、妻子与合伙人》，载于《新观察家》杂志，2016年9月1日号。

化”。他们甚至将布丽吉特划归为埃马纽埃尔·马克龙的“思想导师”之一，与哲学家保罗·利科和米歇尔·罗卡尔比肩。她是他的知己，是他的倾诉对象，也是他的鞭策者。

毕竟，布丽吉特是唯一能够矫正马克龙言行的人。鉴于埃马纽埃尔·马克龙还没有自诩为“矫正大师”，她的督促还是有用武之地的，更何况他在团队里备受仰慕——不少经济部的同事后来追随他开拓“前进”运动的事业。一位朋友直截了当地说：“她是少数几个能指出他错误的人之一。这让他在面对整日夸奖他有多么了不起的奉承者时能保持清醒。”[1] 如果他在某次会上粗暴对待她，她会毫不犹豫地指出：“你不能这么跟我说话！”他曾在《华尔街日报》上将自己以前的商业银行家职业与妓女相提并论，因为“我的工作就是诱惑别人。”[2] 他的妻子忍不住反驳他，在后来与几个朋友共进晚餐时对他说：“你这么说有点儿不太尊重妓女。”这种“态度强硬的交流”实际上是她自己主动要求的。

除了夫妻关系外，两人还是一个团队，这个团队的团结性无论在经济部还是在外界都得到了广泛的认可。2015 年 6 月 2 日，布丽吉特·马克龙首次以极其吸引眼球的方式出现在公众面前。几周前，她刚刚宣布从弗兰克林中学辞职，终于可以任由丈夫搂着她四处露面，不用为学生的目光和小心行事的“义务”所累。当时，爱丽舍宫正在

[1] 摘自《埃马纽埃尔·马克龙：想当国王的银行家》，弗郎索瓦-格扎维埃·布尔莫著，群岛出版社，2016 年。

[2] 摘自《奥朗德用前银行家马克龙决定了自己的命运》，载于《华尔街日报》，2015 年 3 月 8 日号。

为西班牙国王费利佩和王后莱蒂西亚举办国宴：机会来得正是时候。她身着黑色短裙和高跟鞋，而他则西服革履，满脸喜悦……那一晚，夫妻二人手挽着手走上前，在爱丽舍宫的台阶上摆好拍照的姿势。他们的首次正式公开拍照可谓豪华，甚至有着些许总统照的味道：当时法国已经一年半处于没有第一夫人的状态了，瓦莱丽·特里耶韦莱[1]的被甩也闹得满城风雨。一个月后，马克龙夫妇又在爱丽舍宫的国庆节花园派对上再次盛装亮相。布丽吉特身着连衣裙，脚蹬浅口平底鞋，手挎路易威登牌提包。有人认为这身装束有些“过火”，她像往常一样回击了这种对她衣着品位的指手画脚：“父母曾经教育我，受邀参加活动时，必须穿漂亮的裙子。”

10月9日，米歇尔·罗卡尔在爱丽舍宫被授予荣誉勋位一级勋章时，她同样在场；11月21日，丈夫拥着她的肩膀在共和国广场上悼念巴黎恐怖袭击的受害者；次年3月，她在参加为荷兰国王威廉-亚历山大和王后马克西玛举行的国宴时身着白色花边礼服裙，又引起了不小的轰动……从那以后，每一次官方活动都有她的身影，媒体争相报道她的故事并分析她的穿着打扮。2015年10月的《快报》标题便是《布丽吉特：另一位马克龙》，并用整整三版讲述她的故事！在经济部上任后的第二年，马克龙已经不再是这对夫妻中唯一的明星了，妻子身上无可否认的名流光环已盖过了他的风头。

[1] 时任法国总统奥朗德在与瓦莱丽·特里耶韦莱保持恋人关系期间与演员朱莉·嘉叶传出绯闻，后于2014年1月与瓦莱丽正式分手。

名流，不是名流？

BRIGITTE
MACRON

法国的名流界先后出现了闻名世界的歌手兼模特、混迹巴黎上流社会的记者、影后级演员……然而，在爱丽舍宫，最被人津津乐道的还要属“布丽吉特·马克龙时代”，因为仅仅在3年的时间里，布丽吉特的通讯录就变成了法国娱乐界名人录。很快，所有场所的贵宾区都对她敞开了大门，人们不时看到她坐在路易威登时装秀的第一排，以朋友身份与米歇尔·布热纳[1]或者皮埃尔·阿迪提[2]一同观看戏剧首演……甚至出现在拉蒂西亚·哈里戴[3]满是明星合影的“照片墙”上！2016年7月6日，拉蒂西亚发布了一张出乎所有人意料的照片：照片的中间是丽娜·雷诺[4]，正在吹着88支生日蜡烛，围在她身边的有哈里戴夫妇、制片人让-克洛德·加缪、当红偶像凡妮莎·帕拉迪斯……还有面带微笑站在米里埃尔·罗班[5]和斯特凡那·贝恩[6]之间的马克龙夫妇。这张照片引起了热议并在包括政治类网站在内的各大门户网站之间转载。BFM电视台网站给出了《埃马纽埃尔·马克龙与众星共同为

[1] 法国男演员兼导演。
[2] 法国男演员。
[3] 法国女演员，有“法国猫王”之称的已故歌手约翰尼·哈里戴之妻。
[4] 法国女演员兼歌手。
[5] 法国女演员。
[6] 记者、电台和电视台主持人、作家，曾受马克龙任命负责调查法国濒危古迹现状并予以保护。

丽娜·雷诺庆生》的标题;RTL 广播电台的网站则以《埃马纽埃尔·马克龙与约翰尼·哈里戴和斯特凡那·贝恩一同为丽娜·雷诺庆生》为题以表震惊。经济部部长是否和那些人一样成了娱乐界名流?这种复杂的身份令人猜测不已。不过,早在几个月前,依靠布丽吉特安排的各种文化活动,夫妻二人已经开始与众多名人建立了联系。每次演出结束,他们都不忘同演员打个招呼。戏剧《莫莫》演出结束后,他们在化妆室结识了弗郎索瓦·贝莱昂[1];认识尚塔尔·拉德祖[2]则是在《坏家伙》结束后。2016 年 11 月,尚塔尔在电视节目《聪明人》中回忆道:"我根本不懂他在说什么,感觉像在听一堂国家行政学院的课。她则负责翻译,把他的话变得通俗易懂。真是一对好搭档!"

马克龙对法布里斯·鲁奇尼[3]的兴趣起初还停留在想象的层面。2014 年秋季,布丽吉特带着丈夫去电影院观看了《新包法利夫人》。埃马纽埃尔在影片结束后表现出很大的热情:他想见见片中的男演员。几天后,布丽吉特邀请奥朗德总统的这位朋友来经济部共进晚餐。"他走进办公室的时候,把夹克衫一甩,说了一句'好啦。'"她讲道,"然后开始跟埃马纽埃尔聊傅勒,聊兰波,两个人就好像多年的老朋友一样。"[4]他们之间就此形成了一个惯例:只要有时间,鲁奇尼就会去经济部吃午饭,顺便品读一部名著。这也让布丽吉特产生了一个念头:文学探讨,确实是件好事,可如果能和她的学生们分享,

---

[1] 法国男演员。

[2] 法国女演员。

[3] 法国男演员。

[4] 摘自《埃马纽埃尔·马克龙:一个如此完美的年轻人》,安娜·福勒达著,普隆出版社,2017 年。

那就更好了！2015年春天，弗兰克林的百余名学生受邀前往经济部，与埃马纽埃尔·马克龙和法布里斯·鲁奇尼会面。这次活动多少令人感到意外：这样一次聚会既不是在国民教育部，也不是在文化部。那一天，每个人都很开心。一个学生对我们说，这是一次“特别的机会”。鲁奇尼则评价这次聚会为“一段影响深远的记忆”。“活动非常引人入胜，我们探讨了兰波、尼采和福楼拜。这位女性在我看来表现得非常自然，收放自如，言简意赅，内心成熟稳重。这次活动她组织得非常出色。”[1]出于对夫妻二人的喜爱，鲁奇尼还在2016年夏天把自己位于雷岛的房子借给了他们，之后他在各个平台上强调自己做的这一切是“完全免费的”。

比萨科齐夫妇更尊贵

从经济部时代开始，贝尔纳·蒙蒂埃尔、菲利普·贝松和斯特凡那·贝恩就一直追随着马克龙夫妇，新闻专员妮科尔·索纳维尔——亚历克斯·吕茨[2]创作的《卡特琳与莉莉安娜》[3]中的人物原型——也被他们吸引。你猜对了：她甚至把自己庞大的通讯录都献给了他们。于是，经济部变成了超级名流晚宴餐厅，在那里可以见到皮埃尔·阿迪提和埃弗利娜·布伊夫妇、纪尧姆·加里尼[4]或者阿里耶勒·东巴

[1] 摘自《马克龙夫妇：丈夫、妻子与合伙人》，载于前述《新观察家》杂志。

[2] 法国演员、导演、剧作家。

[3] 针对时事热点创作的法国系列讽刺短片。

[4] 法国男演员、导演。

勒[1]，后者曾在几个月后对马克龙夫妇赞赏有加："不得不说，他们两个人极其细心和贴心。"[2]上一次有如此规模的名流出入还要追溯到2007年之前，尼古拉·萨科齐和塞西莉亚·萨科齐在那里款待名人朋友的时候……

马克龙夫妇的接待活动要频繁得多，有时甚至一晚上组织两次晚餐。这样的疯狂当然也是有成本的……根据记者马里翁·鲁尔和弗雷德里克·塞伊的调查[3]，截至埃马纽埃尔·马克龙在2016年8月辞职之时，他用掉了经济部80%的年度接待费用预算，也就是说他在8个月里花掉了12万欧元！不过对于总统选举来说，拓展人脉是非常重要的。在接待活动中，他的妻子是一张宝贵的王牌。她同每个人都能聊上两句，对各位宾客表达赞美之情，言笑自如。总之，她表现得像那里的女主人，一如她在法尔吉埃路的家中接待罗卡尔夫妇等宾客时那样。斯特凡那·贝恩评价她为"破冰者"。他后来成了马克龙夫妇的先锋使者，正如其他曾受到他们邀请的记者，如马克-奥利维耶·福吉尔和西里尔·埃尔丹。在媒体面前，明星们乐于谈起这对夫妇，他们成了既有魅力又富影响力的媒介；同样，所有贵宾晚宴的照片和一次次外出观剧也是二人绝好的宣传机会，吸引的是对政治或经济类媒体不太感兴趣的读者。而这一切的发生也意味着对曼努埃尔·瓦尔斯地盘的蚕食——这可是一份不容忽视的额外

[1] 法国女演员、歌手、导演。

[2] 引自2016年11月24日RTL电台播出的《聪明人》节目。

[3]《在经济部这座地狱中：围绕财政部部长的秘密调查》，JC拉代出版社，2017年。

奖励。

瓦尔斯的妻子安娜·格拉万是一名小提琴演奏家，曾与诺文·勒鲁瓦、埃马纽埃尔·穆瓦尔、阿兰·苏雄和洛朗·乌尔奇等人合作，身边众星云集的原本是瓦尔斯夫妇。《茶花女》首演当天，他们与阿里耶勒·东巴勒和贝尔纳-亨利·列维合影；安娜曾在约翰尼·哈里戴的演唱会上为其助阵，夫妻二人还在演唱会结束后与约翰尼合影；戛纳电影节期间，他们还被人看到同玛丽昂·歌迪亚和让·杜雅尔丹交谈……然而，自2015年起，总理瓦尔斯和经济部部长马克龙之间展开了一场明星之争，由他们的妻子打头阵，两位夫人甚至在2015年7月6日一同出席了在罗丹美术馆举行的迪奥时装秀。就在那一天，双方宣布停战，在一众摄影师面前给了彼此一个热情的拥抱。这似乎是因为布丽吉特·艾罗[1]让安娜·格拉万认为教师这一职业平淡乏味，她在2012年6月《巴黎人报》的一篇专访中曾声称“音乐家当然要比在南特郊区教德语[2]的艾罗女士更有魅力一些！”布丽吉特·马克龙却改变了她的看法。面对来自亚眠的布丽吉特·马克龙，安娜·瓦尔斯显然找到了较量的对象。

丽娜·雷诺、贝尔纳·蒙蒂埃尔、斯特凡那·贝恩、歌手卡特琳·拉腊、凯伦·安和达尼、演员玛莎·梅里、达妮埃勒·埃韦努、文森特·林顿和皮埃尔·阿迪提、导演玛嘉·莎塔琨和雷吉斯·瓦格涅、

[1] 法国前总理让-马克·艾罗的妻子。

[2] 艾罗其实是法语教师。

原气象播报员卡特琳·拉博德、《秘密故事》[1]主持人克里斯多夫·博格朗、足球运动员约翰·卡巴耶……2017年4月17日，马克龙夫妇的这些密友们齐聚经济部大会，支持候选人马克龙。在一场明星们本来嗤之以鼻的活动中，到场的每个人都有一定的影响力。《解放报》使用《青春偶像的老炮粉丝》作为一篇文章的标题以示嘲笑，却收效甚微。马克龙在明星杂志上的海报仍然比其他总统人选的海报大得多。这样的明星阵容是布丽吉特·马克龙积极组织起来的，她和丈夫对此寄予了很大希望。几周前的2月份，热纳维耶芙·德丰特奈[2]曾前往里昂听取“前进”运动领导人马克龙的演讲，当时布丽吉特和丈夫就已经准备好与她同台亮相。德丰特奈没有支持国民阵线，而是站在他们的阵营中，夫妻二人颇为高兴，毕竟不久前她还同弗洛里安·菲利波[3]有过一次合影。不过，在此之后，她与马克龙之间的融洽关系略有恶化，这位帽子夫人[4]声称对他感到“厌恶”，因为他从来不听取她在政治方面的建议。这确实很遗憾，不过幸好他还可以依靠精心网罗的其他明星来保障自己的宣传工作。

她是谁的粉丝？

布丽吉特·马克龙之所以对这些光鲜的友谊乐此不疲，当然不仅

[1] 一档法国真人秀节目。

[2] 曾任选美活动“法国小姐”组委会主席。

[3] 时任国民阵线副主席。

[4] 热纳维耶芙·德丰特奈总是戴着同一款帽子出席各种活动，因此被人称为“帽子夫人”。

仅是出于政治上的考虑。她本人也有着小小的追星梦，曾经在2017年6月成功地避开了摄像师敏锐的镜头，悄悄跑去看菲尔·科林斯的巴黎演唱会。她当然不会只加入了丈夫的粉丝俱乐部，她与斯特凡那·伯恩的相识就证明了这一点，不过这一次是她丈夫安排的。2014年底，埃马纽埃尔从参议院出来时，差点被这位《历史的秘密》[1]的主持人开车撞倒，而这次“事故”真是没白出：埃马纽埃尔·马克龙赶忙邀请斯特凡那共进晚餐，因为“妻子特别喜欢他，聊起他来没完”。

她从不吝于表达自己对艺术家的热爱。2016年10月，她在陪贝尔纳·蒙蒂埃尔出席朱利安·多雷[2]的演唱会时都不忘去化妆室跟朱利安打个招呼，并请他在唱片上签名，送给她丈夫。作家菲利普·贝松亲切地写道：“她委实是一个很高兴能来到巴黎并对这里的一切都叹为观止的外省女人。”[3]2017年10月25日，当听到滚石乐队主唱米克·贾格尔在楠泰尔U形馆体育场举办的演唱会上对她说“今晚众星云集，他们中有帕特里克·布吕埃勒、西尔维·瓦尔唐和布丽吉特·马克龙”时，她丝毫不掩饰自己的喜悦之情。

她追星的爱好让好友们津津乐道，经济部的团队却对她这种追逐上流社会生活的性子颇有微词。2015年，有些人曾向记者讲述——

[1] 法国二台的一档电视节目，由斯特凡那·伯恩主持，每期讲述一位历史名人的生平。

[2] 法国流行歌手。

[3] 摘自题为《比比（布丽吉特的昵称）的命运》的文章，2017年5月11日号。

当然是在私下里——布丽吉特是多么热衷于与明星朋友建立友谊……还把这种花里胡哨的爱好强加给他们的上司。据他们说，埃马纽埃尔远没有她那么爱追星。然而，马克龙对明星无动于衷这一说法有待商榷：2016 年底，他在巴黎第十五区的一家餐馆里看到夏尔·阿兹纳夫时，迫不及待地走过去告诉他自己一直非常喜欢他。不过，他的多名顾问一致将这种在他们看来十分危险的追星形象归咎于布丽吉特。布丽吉特于第一轮总统选举当晚在圆顶餐厅组织的庆祝晚宴[1]引起了不小的争议，这更加深了他们的这种看法。同样，马克龙夫妇因刚刚入主爱丽舍宫便任命斯特凡那·伯恩为“遗产古迹先生”[2]而遭到的批评，也印证了他们的判断。

不过，这些评论并不重要：马克龙夫妇在日常生活中仍然热衷于接触各路名流……很早就与他们一同出现在明星杂志上。2014 年 9 月 5 日，埃马纽埃尔·马克龙出任经济部部长仅仅 10 天，他的故事就已经登上了《近距离》周刊的封面，文章标题为《与自己曾经的老师出双入对》。文章中有他们在位于蒙马特的“修道院长的酒窖”餐厅共进午餐的照片和对二人备受世人瞩目的浪漫爱情的首次披露。“他刚刚进入经济部时，一篇提到他娶了自己老师的文章引起了我们的关注。”[3]《近距离》编辑室主任洛朗斯·皮奥对我们说道，“我认为这比

[1] 有些人认为，此次晚宴让人回想起萨科齐当年在第一轮大选胜出后在豪华的富格餐馆举行的庆祝晚宴。萨科齐当时宴请了多位商界名流，就此建立了一种“富人总统”的形象，广受社会舆论批评。

[2] 马克龙当选法国总统后委派伯恩建立一份濒临倾圮、亟待修缮的古迹清单。

[3] 摘自 2017 年 12 月 13 日洛朗斯·皮奥与作者的谈话。

较值得关注：他们的故事很不寻常，也很浪漫。大家都想了解一下这位征服了帅气部长的女人……”他们的故事着实令人惊叹，继《近距离》之后，又有多份女性杂志和综合类杂志争相报道。

作为弗朗索瓦·奥朗德曾经的顾问，埃马纽埃尔见证过奥朗德感情生活上的挫折，却装出一副并不理解人们的这种好奇心的样子。他对记者弗朗索瓦-格扎维埃·布尔莫说：“我从来没购买过明星杂志，也不爱看，所以，我只是意识到这些杂志对我的私生活感兴趣，却并不完全明白为什么会这样。”[1] 即便他不理解这种兴趣，至少他曾经对此有一定的预感：2014 年开学时，布丽吉特曾告诉她在弗兰克林中学的高二学生不要接受记者的采访。虽然他声称自己从没买过明星杂志，但对此也不完全排斥……《近距离》杂志的那篇文章发布的当晚，有人看到他在法兰西体育场的看台上观看法国队和西班牙队之间的一场比赛时，向一位朋友展示自己手机上的那篇文章，嘴角上挂着大大的微笑。

曾经长期受到排斥的这对夫妇在看到他们的故事终于得到世人的认可后，是否感到欣慰呢？也许吧。他们很快主动上阵，从 2016 年 4 月起亲自讲述他们在各个杂志的封面故事，并很快开始听从长期为明星媒体提供独家爆料的贝斯图通讯社老板米歇尔·马尔尚（昵称“米米”）的建议。在一场严峻的个人战争中，这不啻一种巨大的支持。埃马纽埃尔一再否认自己是体制内的候选人，那么他是否会成为明星

[1] 弗朗索瓦-格扎维埃·布尔莫，同前书。

体制的候选人呢？几个月前，他还肯定地说："私生活方面的事情本应该保持在几个人的范围内。"不过，正如他常向自己的好友坦言的那样，当时他还没有意识到自己"只有很短的时间来提升自己的知名度"，也不知道他与妻子即将受到流言的攻击……

“造谣这个东西啊，先生……”

BRIGITTE
MACRON

“我非常珍视的妻子与一位记者进行了交谈，她并不了解媒体行业。她感到十分抱歉。”2016 年 4 月 14 日，埃马纽埃尔·马克龙刚刚参加完由《金融时报》在伦敦组织的一次关于欧洲未来的会议。然而，这一天，真正吸引法国媒体目光的并不是他对英国脱欧风险的看法……面对 BFMTV 电视台的话筒，这位经济部部长重点提到了当天早上引起纷纷议论的话题：那是《巴黎竞赛画报》对布丽吉特的采访，以及随采访配上的“私密相册”。“这是我们一起做下的蠢事，”他继续说道，“展示我们夫妻的生活，我们家庭的生活，这并不是什么策略，只是一个愚蠢的错误。”以“共同走上权力之路”的形象出现在《巴黎竞赛画报》的头条上，这确实是鲁莽之举——采访记者卡罗琳·皮戈齐称，马克龙夫妇当时并不知道他们会登上这本周刊的封面。这件事有着些许挑衅的味道，就在当天，弗朗索瓦·奥朗德要在法国二台的《公民对话》栏目中完成他的“口试大考”[1]。时任国家领导人的奥朗德在节目中重申：“他知道我有恩于他，这涉及个人与政治忠心的问题。”是的，不过……忠诚并非马克龙夫妇的第一要务。

[1] 奥朗德在该节目中与作为公民代表的在场观众进行对话，接受并解答他们在政治、民生等方面的问题，被视为总统选举前期的一种宣传手段。

他们之所以讲述自己的故事，除了自我宣传外，还有一个重要的原因：尽快止住某些声音已经大得不成样子的窃窃私语。“我之所以犯了这样一个错误，是因为当时流传着一些谣言，”布丽吉特在三周后的《你来说》节目中解释道，“这都是一些不堪的谣言。我以为自己做得很好，可我想错了。”

几个月来，社交媒体和巴黎的各大报刊都被这样一则传闻搞得兴奋不已：埃马纽埃尔·马克龙可能与马蒂厄·加莱有染。在这之前，这位极富魅力的法国电台总裁——也曾先后出任文化部部长弗雷德里克·密特朗办公室主任和国家视听研究院董事长兼总经理——之所以为大众所知，是因为他曾斥巨资翻新自己的办公室。而在2016年春天，他的名字与经济部部长被放在了一起。有人看到他们一同从一家饭店里走出来……又在一片树林里秘密见面……《近距离》杂志甚至准备随时公布会令二人名誉扫地的照片……距总统大选还有一年的时间，各种臆测已然甚嚣尘上！早在2014年夏天，就曾有几名推特用户爆料称二人是同一家巴黎健身房的会员，之后不断有评论为此事增添新的细节。有人写道：“埃马纽埃尔·马克龙与马蒂厄·加莱约会，他的妻子只是个幌子……”还有人试探性地问道：“如果马克龙真的从不对法国人说谎，那他为什么不谈谈马蒂厄·加莱？”此外还有一些加莱的照片被配上了“马克龙夫人”的话题标签。新的传言不断在社交媒体上出现，甚至还经常得到某些政党负责人言论的“佐证”。

甚嚣尘上的流言

首先便是尼古拉·萨科齐在5月初接受《观点报》记者安娜·卡巴纳采访时的言论。“他很玩世不恭。有些男人味，也有些女人味，现在流行这个——雌雄同体。马克龙夫妇之所以受欢迎，是因为大家喜欢不会让你被迫作出某种选择的人。”这番话由萨科齐的亲信散播出去，意思就再明显不过了。卢森堡宫[1]走廊里的这些流言蜚语让这位共和党参议员难掩其满意之情。银行家菲利普·维兰2016年4月25日在《费加罗报》的一个专栏中披露了埃马纽埃尔·马克龙“导演的一出私生活”，据《世界报》记者拉法埃勒·巴凯和阿里亚纳·舍曼称，他还到处散布“所谓的‘马克龙式假象’——这位前经济部部长的婚姻生活只是表象，是用于掩饰自己内心深处的取向。”[2]

几个月后的2017年2月4日，共和党议员尼古拉·迪克又平静地接过接力棒，对俄罗斯卫星网说：“从大家开始谈论他私生活的那一刻起，真相就不言自明了。皮埃尔·贝尔热就是他的拥趸之一，这位著名的生意人既是伊夫·圣·罗兰的合伙人，也是他的长期伴侣。贝尔热是公开的同性恋者，支持同性恋婚姻。他的背后有一个十分富有的同性恋游说团在支持他，这就已经能说明一切了。”然而，2月8日，尼古拉·迪克又在《你来说》的平台上否认自己曾发表这样

[1] 法国参议院所在地。

[2] 摘自题为《反马克龙战争的内幕》的文章，2016年11月14日。

的言论——还把这番话重复了一遍，声称这是翻译错误导致的误解。“翻译得过于简单了。我说背后有一个十分富有的同性恋游说团的时候，指的是贝尔热，完全没有针对我国普通同性恋国民的意思。”这个法语版本解释的意思明确多了……而且生怕坐在后面的人没能领会他的含沙射影，尼古拉·迪克又在《讨论中》（*C dans l'air*）节目上播出的一篇报道中补射了最后一枪：“他的私生活是他的事，只是所有人都已经很了解了……我不喜欢有些人用不真实的小说来吸引我们的眼球。”这也证明了他对弗朗索瓦·菲永的支持。

正值法国总统大选，右翼是否会借机夸大这些流言蜚语？埃马纽埃尔·马克龙绝不会否认这一点，甚至强烈怀疑即便是他的“阵营”内部，也有人想要动摇他的地位。由于经济部部长越来越公开地表现出脱离这届政府的意愿，政府内部人员已经毫不掩饰对他的评头论足。经济部内的其他科室甚至传言他和经济部工作人员之间有绯闻，包括司机和安保人员。不过埃马纽埃尔·马克龙最大的怀疑对象是他的顶头上司——总理曼努埃尔·瓦尔斯。媒体一出报道，最先搬弄是非的一定是总理的亲信们。布丽吉特·马克龙似乎对这种猜想十分买账，她曾对朋友说，选举期间，她很害怕曼努埃尔·瓦尔斯这个人，她的丈夫应该也同意这种看法。他的一个手下对我们说：“他当然知道这些事情都是从哪传出来的！我们晚上常拿这个说笑。”[1]在瓦尔斯输掉左翼初选后，估计埃马纽埃尔·马克

[1] 摘自2017年11月2日该手下与作者的谈话。

龙还同自己的亲信对那些他连见都没见过的合成照片冷嘲热讽了一番呢。埃马纽埃尔的团队被这些传言折磨得苦不堪言，他本人最初却并没有把它们视为政治问题。“我觉得一开始我比他还要生气，”他的一个朋友说道，“他甚至还拿这个话题开玩笑。”[1]

没完没了的闲话

对于两面生活的传言，马克龙夫妇最初都抱着嗤之以鼻的态度。弗朗索瓦丝·诺盖斯出于担心要求儿子否认一切时，埃马纽埃尔甚至反驳她，说这样会助长流言。布丽吉特则对愿意洗耳恭听的人解释，她早就预料到会有这些下流的攻击。表面上，她以哲学的态度来反击这一话题。“掉到水潭里，要么想办法，游起来，要么就沉下去！”她喜欢这么说，“但我不会发牢骚。家是最重要的，家是保护伞，这是家的本质。”她还经常补充说，自己不打算对这些恶意攻击多加关注。“大风大浪都经历过了……”她最后说道。确实，他们早已见识过各种流言和他人的侧目……“25 年前，他们曾饱受指责、鄙视和嘲讽，已从中获得了巨大的决心。”菲利普·贝松分析说，“不过这一次的规模是全国性的，对他们不公的程度可能会导致重新洗牌。”[2]

这些新的攻击很快让布丽吉特无法忍受。“她是性情中人，”贝松说，“她对所有人一视同仁，所以有时候不懂得自我保护。这既是她

[1] 摘自《夫人的走廊》，阿利克斯·布亚盖著，瞭望台出版社，2017 年。

[2] 摘自 2017 年 9 月 11 日菲利普·贝松与作者的谈话。

的武器，也是她的软肋。她其实已经被选举中的各种攻击搞得狼狈不堪了。”她再也无法配合丈夫洒脱的态度——他是一个在农业博览会上被人朝头部扔了个鸡蛋后都能哈哈大笑的人，更何况布丽吉特对这种来自个人的攻击感到十分担心。政治对一对夫妻的生活有多大破坏力，她非常有衡量的资格：作为瓦莱丽·特里耶韦莱的朋友，她被奥朗德抛弃的事情令布丽吉特深受刺激。对瓦尔斯夫妇不忠的传言矛头也对准了她。她站在了丈夫一边，预料到自己会受“冷酷的”世界折磨，只是，她没有想到自己会收到那些将私下流言变成公开叫嚣的匿名电话和信件。她接到过这样的电话：“您的丈夫现在正和一名广告代理在一起。”这动摇了她强装的隐忍，并让她产生了登上杂志封面的念头……这样能够迫使埃马纽埃尔·马克龙进行一次干脆而明确的辟谣。“他不怎么介意，”一位朋友对我们说，“可她被这些说法气得够呛，她受到了伤害。”[1] 她曾在私下里承认，她再也无法做到丈夫要求的那样淡然。颇有说服力的沉默最终让步于高调的回应。“埃马纽埃尔·马克龙意识到，这件事伤害了布丽吉特，辟谣则是唤起他对妻子的爱的方式。”[2] 菲利普·贝松对我们说道。夫妻二人采取了何种策略？他们故意无视流言，无论何时何地和面对何人。

他们首先当然是向亲友和熟人传播他们的信息。从那以后，每次与友人共进晚餐，夫妻二人中的一个一定会谈到这个话题。未来的第一夫人用大家熟知的直白方式、不放过任何一次机会地同她邀请至经

[1] 摘自 2017 年 8 月 25 日该朋友与作者的谈话。

[2] 摘自 2017 年 9 月 11 日菲利普·贝松与作者的谈话。

济部的宾客谈论这件事。据《现实价值》报道，她只用几分钟就向端木松解释清楚她的丈夫“不是同性恋者”[1]，这让端木松[2]深感庆幸。她还经常说起“路上碰到的那个老爷爷”，他曾经对她说“马克龙不是同性恋”，因为他“能感觉出来谁是同性恋”。埃马纽埃尔的语气则要严肃一些，不过表达的是同样的意思。“一天晚上，我们一起吃饭的时候，埃马纽埃尔提到，他受到一则关于他们夫妇的肮脏流言的攻击，说他与一位男性有私情。”弗郎索瓦·贝莱昂讲道，“‘布丽吉特了解我的一切。我根本无从想象如何过这种两面生活’，他十分自然地对我们说。”[3] 一旦这种说法自然地表达出来，就要开展下一步行动了……

一次澄清……

有人认为这些传闻只在媒体与政治的小圈子里流转，前经济部部长显然并不这么想。尽管顾问们倾向于对这一话题保持沉默，他本人却坚信应该面对尽可能多的人进行辟谣，哪怕代价是让传闻变成新闻，允许媒体详细地报道他此前一直回避的问题。第一轮辟谣发生在2016年11月2日的《另类媒体直播中》节目里。埃马纽埃尔·马克龙当时尚未正式开始竞选总统（两周后才开始），但关于他候选人资

[1] 摘自《布丽吉特·马克龙：副总统》，2017年9月11日。

[2] 根据上一脚注中的文章，端木松首次受马克龙夫妇邀请来到经济部时，布丽吉特急于向他解释自己的丈夫不是同性恋，几分钟之后他才得以落座。

[3] 摘自《演艺界友人口中的布丽吉特·马克龙》，载于《盛会》杂志，2016年11月23日号。

格的悬念已经不大了。他在节目中简述了自己的竞选大纲，同时澄清了一些个人问题。《快报》上曾经登载了一篇针对马克龙竞选的“抹黑行为”的文章，记者马蒂厄·马尼奥戴据此问他，是否认为存在一个专门散布关于他私生活传言的“暗室”。未来的总统抓住这个机会回答说：“很多人说我过着两面生活。……让喜欢这么做的人白费力气去吧，我不会因为他们就变个活法。我没有什么两面生活，我最珍视的是我的家庭生活和婚姻生活。”这一幕体现了埃马纽埃尔·马克龙在该问题上口风的突然转变，连用词都是精心挑选过的。那一天，他已经知道节目中必定会提到他的私生活。“之前流传着一些谣言和暗示，”马蒂厄告诉我们，“他的团队似乎不太想作出回应，担心会助长这些道听途说的扩散。记者们也不敢给这些传言定性，从未直接向他求证。这让社交媒体上各种恐同玩笑遍地开花。在与西尔万·福尔[1]讨论节目各个环节时，我曾事先通知他我会提一个关于私生活的问题，但没有具体说是什么。那是马克龙首次公开说‘我没有什么两面生活’。”[2]一次斩钉截铁地回应，他本来以为能够就此一劳永逸，可情况并非如此。

这个话题远未结束。2017 年 2 月 6 日晚，埃马纽埃尔·马克龙的支持者们在博比诺剧场举行了集会。本来应该是在场的 900 名“前进”运动成员和 4 名代表之间的一次问答交流，然而，与原计划不同的是，候选人埃马纽埃尔·马克龙突然出现。他的目的是：就自年

---

[1] Sylvain Fort，马克龙的通讯顾问。——作者注

[2] 摘自 2017 年 8 月 25 日马蒂厄与作者的谈话。

初以来不断膨胀的“令人不悦的传言”，对在场听众进行安抚。几天来，多家杂志社陆续收到了散布传言的电子邮件，据谷歌趋势显示，把埃马纽埃尔·马克龙和马蒂厄·加莱的名字放在一起搜索的次数也呈爆发式增长。一直关注这一问题的“前进”运动团队对此心知肚明，另外，维基解密的创始人朱利安·阿桑奇也承诺会放出关于这位前经济部部长的一些内幕。在台上，当天刚刚被 Atlantico 网站描述为“身份不明的性对象”的埃马纽埃尔·马克龙决定放手一搏。“那些喜欢四处散播谣言说我有两面身份和地下生活的人，我要对你们说，你们这种做法让布丽吉特很不舒服……但是，请你们放心，她从早到晚都和我在一起，连她都纳闷我要怎么做到分身有术？！”他在幕后妻子的注视下说道，“幸好我从来没为这些事务给她开过工资！”马克龙夫妇深知，个人生活中的问题把公众的争论带入了因“菲永事件”[1]而一度瘫痪的竞选运动中，他们已经下定决心要解决自己的问题。“所以，如果有人在晚餐中或者在转发邮件中告诉你，我与马蒂厄·加莱过着两面生活，那一定是我的全息影像突然从我手里溜走了（然后去做的）。反正肯定不是我，我跟加莱并不熟。”他最后总结道，同时也借机讽刺了一把让-吕克·梅朗雄最新推出的虚拟分身[2]。这出短剧日后将埃马纽埃尔的朋友们分成了两派。但当晚在剧院的大厅里，气氛轻松愉悦，在布丽吉特·马克龙的带领下，全场掌声雷动。

---

[1] 2017 年法国总统选举期间，媒体曝出菲永的妻子以议员助手的名义领取工资，但并未真正工作，菲永本人因这次“空饷门”事件被司法机关立案调查。马克龙前一句关于给妻子“开工资”的话也是在暗指这件事。

[2] 梅朗雄不久前刚在自己的竞选集会上使用了全息投影。

之后，为了彻底安抚自己的妻子，他又进行了最后一次辟谣。

他接受了同性恋杂志《顽固》的采访，对细节问题进行了澄清。“其实我跟马蒂厄·加莱一点都不熟。我见过他三四次，而且都是出于工作原因，为了在电台接受采访。……如果我真是同性恋，我会说出来并坦然面对的。”他这种急于摆脱“加莱门”事件的态度让《顽固》周刊的主编阿德里安·纳塞里大感意外。他向我们描述了自己当时的惊讶：“我本来想问他为什么会这么想要终止这些流言。在我看来，它们是典型的巴黎式闲话。可他的回答十分尖刻，称这种流言已经在外省传开了，还说他的新闻专员的理发师就和她谈论过这件事。话说回来，他的回答非常到位，指出了这些流言中暗含的对女性的歧视。”[1]确实，在《顽固》杂志的采访中，埃马纽埃尔·马克龙表达了对这种观点的抗议：“一个男人如果同比他年龄大的女性生活在一起，人们会认为他只可能是同性恋或者吃软饭的小白脸。如果我现在已经八十多岁，就没有人会这么想了。”

另一种攻击

那是一桩他日后无论在哪里都不会忘记提起的不公正之事，无论是面对法国媒体还是德国《明镜》周刊的专栏。谣言已经在国际范围内蔓延开来，连英国歌手乔治男孩在得知马克龙不是同性恋后都在推

[1] 摘自2017年8月11日阿德里安与作者的谈话。

特上表达了自己的震惊。无论在法国还是在其他国家，马克龙已经成为大男子主义的猛烈攻击者。他本人于 2015 年 11 月在 Canal+ 电视台的《副刊》栏目上分析称："这反映了集体表达的力量。当发现这件事伤害了我的妻子时，我受到了很大触动。伤害她，就等于伤害我。"

那么厌女症呢？他把它视为谣言的关键元素。布丽吉特·马克龙的年龄很快在全国范围内成了笑谈，她也算有这方面的经历。各种玩笑主要在社交网络上四起，但别处也有，毕竟，马克龙夫妇的年龄差距属于传统媒体也不会错过的笑柄。几个月的时间里，布丽吉特就变成了下面这些样子：唐吉·帕斯蒂罗在 RTL 电台上说她"成熟得像做馅饼用的梨子"；洛朗·热拉也在 RTL 电台上说"祖母煮得一手好咖啡"[1]；吕克·勒瓦扬在《解放报》的一个专栏中说她"老牛吃嫩草"；埃里克·布吕内在电视节目《你好乡下人》中提到她是一个"嗜老者"的妻子；《查理周刊》封面把她画成怀孕的样子，因为她的总统丈夫"会创造奇迹"……甚至在中国台湾网站 TomoNews 的一个动画视频里，她成了靠助行器走路的年轻新娘。她被人开尽了玩笑。她的出生年份对某些记者来说一直是谜，他们在 2016 年 9 月还曾把她猜小了 5 岁。等到她的真实出生年份一曝光，所有人更加肆无忌惮地将之作为谈资。

这些挖苦显然伤害了她。2012 年，面对首批报道他的记者，埃马纽埃尔·马克龙恳请他们不要刻意关注这种年龄差距。布丽吉特解释

[1] 暗指布丽吉特·马克龙年龄较大，人生经验丰富。

说，她从没觉得他们与别人有什么不同。她干脆地说：“那些反复强调年龄差距的人，根本不了解我们。”[1]然而，总统选举期间，她的担忧还是变成了现实：用她的话说，做政客的妻子活该“受罪”。她的着装被人过度解读，广受嘲笑。这一次，关于她的评论同样不仅限于女性博客。总统选举次日，以严肃著称的《金融时报》将她形容为“埃塞克斯女孩”（即漂亮而没有头脑的女性）；几周后的7月，《快报》在一篇描写她初为第一夫人的文章中写道，“第一夫人并没有放弃她的修身裤”；《赫芬顿邮报》的老板安娜·辛克莱尔则在著作《受伤法国编年史》[2]中用一整页来描述布丽吉特·马克龙。安娜作为政治记者，并没有像读者预想的那样在书中谈论衣着打扮，而是记述了与曼努埃尔·瓦尔斯的一段对话，略有超现实主义味道：“我并没有参加在荣军院举行的纪念米歇尔·罗卡尔仪式，想求证别人向我转述的这件事是否属实：不久前，又一次接受《近距离》[3]采访的布丽吉特·马克龙在仪式现场的装束有些过火，还穿了一双细高跟鞋。在庄严的国家级悼念仪式中，穿着这样一双鞋站在荣军院主院的石板路上，与其说是向去世的左翼领导人默哀，倒更像是在参加时装周的活动。”时任总理瓦尔斯并没有回答这个关键性问题……如果看到这段话，埃马纽埃尔·马克龙肯定会大发雷霆。

不过，布丽吉特始终坚持无论如何都要微笑以待的策略。有人要

[1] 摘自《埃马纽埃尔·马克龙：一个如此完美的年轻人》，安娜·福勒达著，普隆出版社，2017年。
[2] 格拉塞出版社，2017年。
[3] 此说法失实。截至当时，布丽吉特·马克龙从未接受《近距离》的采访。

求她对这一问题表态时，她引用《塞维勒的理发师》中的这段台词："造谣这个东西啊，先生，您一点儿都不了解它的作用，所以您瞧不起它。我看见过多少最正直不过的人，几乎被谣言压得翻不过身。"[1] 她绝不会立刻作出报复性的回应。第一夫人没有脸书和推特账号，她更喜欢通过博马舍来掩护自己。当然了，这种做法也更优雅一些。"她用哲学和幽默来对待生活，"她在勒图凯的朋友朱丽叶特·贝尔纳告诉我们，"她对这些事情早有准备。她当然不是无动于衷，她已经预料到并用最高贵的方式来面对它们，她已经为此武装好了自己。"[2] 然而，她承认曾经为这些攻击的粗暴野蛮所伤，"但我最后对自己说：'好啦，你是很难过，但你要保持沉默。'然后事情就过去了。"[3] 她对《她》杂志这样说道。

尽管这些嘲笑让她十分痛苦，却对她的事业有利。她身边逐渐形成了一种支持的氛围。她办公室的同事对我们说："她之所以能赢得好感，是因为在大众眼中，她是一个经历过并且仍受到中伤和攻击的女强人。"[4] 因此，她完全不需要就针对她的厌女情绪作出愤怒的公开回应：记者和女权主义斗士会替她回应。马克龙当选总统后，前女艳星奥维迪在自己的推特账户上写道："我担心的是，你们会继续编造关于布丽吉特·马克龙的性别歧视玩笑，至少编上 5 年。"瓦莱丽·佩克莱斯则以另一种笔触写道："以共和党拥护者和女性主义者的身份

---

[1] 出自《塞维利亚理发师》，博马舍著，第二幕，第八场。

[2] 摘自 2017 年 8 月 16 日朱丽叶特与作者的谈话。

[3]《叫我布丽吉特》，载于《她》杂志，同前文。

[4] 摘自 2017 年 9 月 26 日该同事与作者的谈话。

支持布丽吉特·马克龙，她是性别歧视和厌女评论狂潮的受害者。真的……你们太可耻了！”作为候选人妻子的布丽吉特得到的支持并不比她受到的批评少。对于她的丈夫来说，大众对她的迷恋成了一张越来越明显的王牌。二人之间形影不离的关系，被他们用作竞选的一个手段。埃马纽埃尔和布丽吉特，布丽吉特和埃马纽埃尔：这对夫妻的大戏终于可以开演了。

总统竞选

BRIGITTE
MACRON

卡丽娜·勒马尔尚在自己的节目中收获过阿尔诺·蒙特布尔的眼泪、弗朗索瓦·菲永的玩笑和阿兰·朱佩[1]的粗话。当埃马纽埃尔·马克龙宣布自己将参加总统竞选时，她的脑子里就只有一个念头：尽快让他坐到自己的沙发上来，好听他忏悔。很遗憾，未来的总统对这位主持人的邀请始终充耳不闻，拒绝在《私密野心》[2]节目中露面。他在《小说人物》一书中评价说："这档节目属于真人秀，并非政治类节目。它满足的是窥探隐私的心理，无法唤起任何公民意识。对一个在沙发上套人话的……女人，我没什么可说的。"[3]也许埃马纽埃尔·马克龙只是不愿意表露自我，他甚至说自己不得不在自传《变革》中这么做的时候一度感到十分煎熬——这本书的封四上只放了一张他的照片，再无其他。他说："有些政客喜欢跟别人聊自己，反正我不喜欢。"[4]不过，他后来成功地克服了这种天生的腼腆性格……在他看来，行使权力时确实要有所保留，然而获取权力时可不能这样。

[1] 法国前总理。
[2] 一档脱口秀节目，邀请的嘉宾均为政界要人，谈话主要围绕嘉宾的个人生活展开。
[3] 摘自《小说人物》，菲利普·贝松著，朱利亚尔出版社，2017 年。
[4] 摘自《神秘莫测的马克龙先生》，马克·恩德维尔著，弗拉马里翁出版社，2015 年。

明推暗就

“这是一种情感矛盾的表现，”菲利普·贝松说道，“作为一个当代人，他完全理解景观社会的内涵，也知道自己有必要展示他们的夫妻形象。”[1]他最想让哪家媒体来展示呢？答案是《巴黎竞赛画报》。2016年4月，他评价以夫妻形象首次登上画报头条是“愚蠢的行为”，却并不介意再上一次。“我觉得他并没有意识到，在总统的重要电视节目播出当天，自己登上《巴黎竞赛画报》头条是一种大不敬，”画报的政治主编布律诺·热迪分析称，“他在政府的压力下退了一步，解释称他很抱歉，还含混地说他的妻子被人摆了一道，但事实并非如此。实际上，我们都很清楚，我们跟他之间并不存在任何问题。”[2]证据就是，2016年8月夫妻二人在“发动进攻前的比亚里茨浪漫之旅”期间，再次登上该杂志的封面。埃马纽埃尔称他们被《巴黎竞赛画报》的摄影记者“跟踪了”，但这对夫妇却为他们摆拍，这样杂志社就可以不使用以前保存的照片了。经济部部长一身短裤加翻领运动衫，夫人则身着碎花泳装，两人在水中向他们的未来走去……这张照片引起了巨大反响，不少人嘲笑它太有“萨科齐风”。这也许并不是个巧合：《巴黎竞赛画报》那一周本来打算刊登的正是前总统夫妇的照片。“我们的目的是在大选初选前先从尼古拉·萨科齐和卡拉·萨

[1] 摘自2017年11月11日菲利普·贝松与作者的谈话。
[2] 摘自2017年8月30日布律诺与作者的谈话。

科齐开始做起，”布律诺·热迪回忆说，“他们每年都会上封面：科西嘉岛海滩上的萨科齐，骑着两轮小摩托的萨科齐……可这一次他抛弃了我们，并决定转投《今日价值观》。于是我们就联系了埃马纽埃尔·马克龙。”也算是坏事变好事吧，这期杂志引起了热议，尤其是报道中那张深受欢迎的照片：照片中的马克龙夫妇正在向一位自然主义者[1]问好，后者还向布丽吉特行了吻手礼。接到周刊的通知后，埃马纽埃尔并未反对刊登这张照片，这也是向法国人展示自我的一种方式。

接下来的几次封面照片上，他们穿的衣服多了一些——季节所致，但也经过精心设计，如2016年11月的《与布丽吉特一同“前进”》（二人的服装为搭配协调的蓝色调），还有2017年2月的《大出所料的竞选运动》……一年的时间里，马克龙夫妇四次登上杂志封面，他们选择了一种效率高得可怕的策略。“在法国是禁止发布政治广告的，”通讯顾问兼MCBG咨询公司老总菲利普·莫罗·雪佛莱说道，“而成为《巴黎竞赛画报》的封面则是一种合法的广告形式，这份杂志在外省的发行量也很大。这一招太漂亮了。”[2]几周时间里，在候选人极少以夫妻身份亮相的竞选活动中，布丽吉特·马克龙在大众面前的接受度比以前提高了一些。加布丽埃勒·加拉尔[3]——只在投票前不久才与伯努瓦·阿蒙一同露面，还因其在酩悦·轩尼诗–路易

[1] 实际上是一个全身赤裸的路人。

[2] 摘自2017年10月4日菲利普·莫罗·雪佛莱与作者的谈话。

[3] 2017年法国总统选举社会党候选人伯努瓦·阿蒙之妻。

威登集团内任职的争议而受到攻击；路易·阿利奥——大众对他和玛丽娜·勒庞的故事并不感兴趣。至于佩内洛普·菲永，她的曝光度倒是够高，但都是负面新闻……在这样的背景下，埃马纽埃尔·马克龙通过将自己的夫妻故事公之于众而成了一个例外，还证明了自己与弗郎索瓦·奥朗德的不同——这位在任总统已经单身三年了！

在长达数月的采访过程中，布丽吉特逐渐成了一种竞选手段。尤其是在二人邂逅的过程中，所有元素汇集到一起，为候选人马克龙提供了讲述传奇的素材，他的个人经历也将证明他的政治决心。法国怎么能抗拒一个征服了自己已婚老师的学生的魅力呢？选民们怎么可能对这种用于劝诱父母的说服力无动于衷呢？社会学者埃里克·法桑分析说："在公关方面，埃马纽埃尔·马克龙走的一招妙棋就是将自己的劣势扭转为武器。'我们这对夫妻是例外？那是因为我本人与众不同！'这样一来，情况就一点儿也不尴尬了，反而成为他自由的标志，摆脱了一切传统观念的束缚。"[1]同时又不会给人一种冒险之举的感觉，因为在征服了布丽吉特之后，他们共同生活了20年，这对于因年纪太轻而容易被人怀疑能力的马克龙来说可谓强有力的毅力证明。"布丽吉特·马克龙给了他一段过去，一种根基，一种经验，"菲利普·莫罗·雪佛莱说道，"一种底蕴。"[2]总之，一种忠诚而有创造性的激情，这位候选人自己也为了更好地阐释这种激情而明确表示："理想主义并不是一种幻想，而是一种需要。"他坚持道，"我的个人

[1] 摘自《布丽吉特·马克龙现象》，载于《新观察家》杂志，2017年10月4日号。

[2] 摘自2017年10月4日菲利普与作者的谈话。

经历就是证明。当朋友们还在过着大学生活时，我已经开始挣钱养活自己了。所有人都对我说我做不到，但我决心已定。”[1] 这种用昂贵的代价换来的家庭生活，马克龙夫妇也要将它公之于众。

家族事业

“这是什么？是一只母鸡吗？”2016 年 4 月，经济部部长埃马纽埃尔·马克龙怀里抱着自己七个孙子、孙女中的一个，在寻找复活节彩蛋时故作吃惊地问道。马克龙夫妇邀请导演皮埃尔·于雷尔来到他们位于勒图凯的家中，一同分享这段家庭时光，并将之拍入纪录片《这就是马克龙》。布丽吉特的三个孩子也在场。在这个反复被人讲述的家庭故事中，他们是不可或缺的一部分。埃马纽埃尔·马克龙有时也在政治辩论中通过强调这个重组家庭的独特之处来取胜。“关于家庭和家庭的概念，我没有什么需要汲取的经验。我有我自己的家庭，它和别的家庭不太一样。”2014 年 2 月 24 日，在 BFMTV 频道上，当克里斯蒂亚娜·托比拉反驳他关于“为人人示威”[2] 组织中受辱者的言论时，他如是答道。竞选期间，他不止一次提到了这一论据，由于得到了布丽吉特子女的支持，这一论据更引人注意。蒂费纳很早就

[1] 摘自《埃马纽埃尔·马克龙：向爱丽舍宫前进》，尼古拉·普里塞特著，普隆出版社，2016 年。

[2] “为人人示威”组织倡导传统家庭观念，反对 2013 年通过的同性恋婚姻法案（即由时任司法部部长的托比拉提出的法案），并为此组织过多次大规模的示威游行活动，因此受到同性恋婚姻法案支持者的攻击。马克龙在 2016 年 2 月 16 日接受《新观察家》采访时公开称为这些反对同性恋婚姻法案人士受到的“侮辱”感到遗憾，引发众多国民的不满。

投入继父的事业中，在她所在的圣-若斯城为他筹建了一个支持者委员会……她甚至解释说，“前进”运动这个名字本身就是家人的突发奇想。她的哥哥塞巴斯蒂安和姐姐洛朗斯则低调一些，是经人说服后才出现在竞选运动的最后几次会议中。

除了孩子们，布丽吉特还动员了特洛尼厄家族的成员。2016 年 4 月 6 日，这家人齐聚在亚眠会议中心的一个大厅里，出席“前进”运动党的成立仪式。几周前，布丽吉特的侄子，即家族巧克力企业的掌门人让-亚历山大·特洛尼厄就对他的熟人朋友们宣布，他的姨夫要有大动作。在之后的整个过程，布丽吉特的家人都比埃马纽埃尔的家人的表现积极得多——埃马纽埃尔的父亲、弟弟和妹妹长久以来几乎从未露过面。这位候选人个人生活方面的形象推广由妻子独家代理，她很少在媒体上发声，曾经担任过新闻专员的她会在镜头之外进行宣传。在为竞选活动出行时，她有时会在纸媒面前扮演售后服务的角色，因此有些人把她视作埃马纽埃尔·马克龙的“媒体顾问”。“所谓媒体顾问，就是通过零散的信息来组织一篇叙事，从而将一个人的政治候选人资格合理化，”菲利普·莫罗·雪佛莱说，“在我看来，布丽吉特就是她丈夫的媒体顾问。她从一开始就指导他，帮他设计形象，构思他在公众场合的谈吐和他的个人故事。我认为她做得很出色。还有哪个顾问比她更能走入马克龙的内心深处，像他一样思考问题呢？”[1]

---

[1] 摘自 2017 年 10 月 4 日菲利普与作者的谈话。

具体来说，她将夫妻二人的形象管理工作交给了明星媒体界的教母级人物米歇尔·马尔尚——后者至今仍然每周去爱丽舍宫拜访一次布丽吉特。她还将他们的婚礼录像交给了纪录片《流星策略》的拍摄团队，这让他们身边的人大感意外。埃马纽埃尔否认曾外借自己的这份个人资料，他的妻子倒似乎并没有对录像的公开表现出不悦。她对菲利普·贝松说："至少以后不会有人说我们的婚姻是个谎言了。"[1] 此外，据埃马纽埃尔·马克龙的亲信对多名记者透露，是布丽吉特坚持要接受《巴黎竞赛画报》采访的。埃马纽埃尔的团队似乎拿这当个笑话讲，布丽吉特却并不愿意把这件事娱乐化。她解释说，她只是想平息事态，以免大众将候选人马克龙的言论"粗鄙化"。是否会有些竞选参谋对这位未来的第一夫人的影响力感到不快呢？毫无疑问。"有位顾问对我说：'我们是一路，布丽吉特是一路。'"马克龙夫妇的一位密友对我们说道，"他们完全无法控制这片'法外区域'，因此它的存在令他们无法忍受。理想状态下，他们觉得自己应该是与候选人的唯一联络人。"[2] 第一时间归附"前进"运动的参议员弗郎索瓦·帕特里亚[3] 也证实了这种嫉妒心理。"以前，我每周会在子夜一点和他互发一条短信，现在不行了，"他在选举投票前不久说道，"他身边围着一大帮想把他占为己有的年轻顾问。所以我就开始通过布丽吉特联系他。她对

[1] 摘自《小说人物》，菲利普·贝松著，朱利亚尔出版社，2017 年。

[2] 摘自 2017 年 9 月 3 日该顾问与作者的谈话。

[3] 曾于 2002 年出任法国农业与渔业部部长，原为社会党成员，自 2016 年起成为"前进"运动党的主要支持者之一。

我说：‘给我留个言，我今晚给他看’。”[1] 布丽吉特与这位 74 岁的前部长一直保持着密切联系，在他 2016 年 9 月遭遇严重车祸后非常关心他的身体。未来的内政部部长热拉尔·科隆也是她的亲信，她常常称他为“我的热拉尔”。

紧张关系下的竞选运动

布丽吉特与丈夫的几位年轻顾问之间的关系要更紧张一些——从经济部时代起便是如此。上文中的那位密友还告诉我们：“有些人认为这里不需要她，参加选举的是一个男人，而不是一对夫妇。”[2] 她与伊斯马埃尔·埃梅里安的关系就不甚融洽，但曾经就职于阿瓦斯公关咨询公司的他却是马克龙团队的关键成员。2014 年夏天，埃马纽埃尔曾计划同埃梅里安一起筹建一家教育类公司。后来，对方来到经济部，成了埃马纽埃尔的通讯顾问，成为“前进”运动党的主要创始人之一，最后坐上了人人向往的爱丽舍宫特别顾问的位子。不过，这位极度谨慎的年轻人——他不太想在媒体上露脸——并不是布丽吉特·马克龙媒体宣传团队的一员。据2017年10月刊登在政治杂志《玛丽安娜》上的一篇文章称，布丽吉特甚至在 2016 年初面试了不少人，以取代埃梅里安在经济部的位置。直到竞选运动期间，他们之间复杂的关系也没有厘清。布丽吉特率真的本性令这位公关专家和“前进”

[1] 摘自 2017 年 4 月 18 日《世界报》。

[2] 摘自 2017 年 9 月 3 日该密友与作者的谈话。

运动的其他成员感到十分不安。她与 RMC 电台《大嘴巴》节目的嘉宾克莱尔·欧珀蒂之间的友谊就让他们有点笑不出来了。欧珀蒂是一位口无遮拦的论战爱好者，后来成了“共和国前进”运动党的众议员。2016 年 7 月，在医疗保险互助会会议期间，布丽吉特作为《大嘴巴》节目的忠实粉丝，还跑去跟欧珀蒂要了一件节目的宣传衫。从那以后，两人经常联系，每次采访中，布丽吉特引述的“伏尔泰 / 福楼拜 / 莱布尼茨曾经说过”的话的背后，都隐藏着她开玩笑的小小癖好。

2016 年底，记者加埃勒·扎卡洛夫跟踪采访候选人马克龙夫妇时，有些人担心布丽吉特表现得太健谈。在其上一部作品《兔子与仙境》[1] 中，扎卡洛夫在描写到阿兰·朱佩的竞选活动时就曾大量引述朱佩家人透露的、令时任波尔多市市长的他大为光火的隐情。这一次，“前进”运动的团队感到灾难即将来临。“布丽吉特十分享受她的自由，也不太谨慎，”埃马纽埃尔·马克龙的一名顾问在当时大胆谈道，“她并不了解真实的自己，尤其不了解她在外人眼中的形象。”[2] 因此，在开始 2017 年竞选之前，他们就明确了决心：将她排除在外。她起初接受了这种安排，用周围人的话说，她将自己“留存以待共和国之用”。她对每个人解释说她是“候选人的妻子，仅此而已”，而且她“并非无处不在”。为了更好地证明这一点，她很少陪同他出席会议。在她向加埃勒·扎卡洛夫几次简略的坦白中，她承认

[1] 弗拉马里翁出版社，2016 年。

[2] 出处同前述载于《挑战》杂志上的《布丽吉特·马克龙：亲密爱人》一文。

“注意不让自己过于频繁地露面”[1]。2016年12月，她的丈夫因工作前往布列塔尼，布丽吉特只是于晚上与他在宾馆会合，并没有参加白天的会议。一位知情人士总结说：“她变得十分谨慎，不过实际上她从来没有退出游戏。”更何况所有人——哪怕是不情不愿——都不得不承认，她是埃马纽埃尔·马克龙的制胜法宝。

布丽吉——特！

即便是对她意见最大的顾问也无法否认民众对她的好感：在各种会议上，她同丈夫一样是他人目光追随的对象。在大街上，她所经之处都回响着“布丽吉——特”的呼声。马琳·希亚帕就见识过这种迷恋。这位负责性别平等事务的国务秘书很早便开始追随埃马纽埃尔·马克龙，参与了整个竞选过程。她告诉我们：“无论我走到哪儿，都有很多女性跟我谈起她。我记得有一个人在一次会议结束后对我说，她患了抑郁症，因为丈夫离开了她，她已经五十多岁了，很难重新找到工作……然后她说，就在这时，是布丽吉特·马克龙让她重拾笑容，因为她是一位能鼓舞人心的自由女性，她选择了自己的生活。类似的表达，我听到过几十次，这些敢于站出来的女性都与她建立了一种情感上的联系。”[2]更多的人要求与她自拍合影，有时还会让她在她丈夫的自传《变革》上为他们签字。她一边指出这本书非她所著，一边微笑着签上名字。这本书，她

[1] 摘自《绝妙的喜剧》，加埃勒·扎卡洛夫著，弗拉马里翁出版社，2017年。
[2] 摘自2017年9月15日马琳与作者的谈话。

反复读过无数遍，修改过无数次，以至于从某种程度上讲，这也算是她的作品了……而且，埃马纽埃尔·马克龙也乐于一再重申“布丽吉特就是我，我就是她”。这种关系不但体现在个人生活上，也体现在他们未来的事业上。

保持了几周的谨慎后，她又重归自己的位置。名义上，她只是候选人的妻子，操心他的形象，为他在桑捷[1]的乔纳斯裁缝店挑选“价值 340 欧，含服装修改费”的套装。埃马纽埃尔·马克龙在农业博览会上被人扔了鸡蛋时，她立刻问道：“衣服有没有弄脏？”她还负责管理他的膳食，禁止他吃“垃圾食品”。3 月 20 日的辩论结束后，她拒绝向他提供巧克力时，未来的总统只得顺从地说：“好吧，那给我来点水吧！”[2]整个竞选期间，一直由她来安排他的行程，尽可能地为他减轻负担——她总是埋怨“（活动之间的间隔）太短了”——并确保他不会因迟到而耽误自己的行程计划。“有一次，第戎的一个会议结束后，他们的时间安排完全没有延误，这对于埃马纽埃尔·马克龙来说实属罕见！”[3]记者贝尔特朗·德莱告诉我们，他曾经为拍摄纪录片《埃马纽埃尔·马克龙：向爱丽舍宫前进》，对夫妇二人进行了长达数月的跟踪采访，“他想留下继续讨论，因为他觉得还有富余的时间，她却回答：‘不，时间刚刚好。我们在一起后就从来没有过富余的时间。’”当然，她无法要求他断网关机去海边度假——如果可

[1] 巴黎的一个街区，以纺织品批发贸易著称。

[2] 亚讷·雷诺莱的纪录片《埃马纽埃尔·马克龙：成功的背后》中的一幕。

[3] 摘自 2017 年 9 月 1 日贝尔特朗·德莱与作者的谈话。

以的话，她百分之百支持；但在其他问题上，都是布丽吉特·马克龙说了算。“我必须要在他旁边，才能确保他吃得好，睡得足。”[1]她解释道。阿迈德·艾达拉兹告诉我们，她也会向别人表达这种关心。这位来自米洛的办公室职员很早便加入了“前进”运动。2016年8月，马克龙夫妇参观位于罗德兹的苏拉吉博物馆时，艾达拉兹见到了布丽吉特，他们立刻建立起了友谊。他在马克龙的竞选干事让-玛丽·吉里耶的邀请下，在接下来的9个月内陪同布丽吉特参加所有外出活动。“她像妈妈一样对待团队，”他说道，“我想起我们最初的一次出行，她让我说说我的家庭，我们还给我父母打了电话，因为她想跟他们说上两句。她对别人的关怀都是出于真心的。而且，就餐时，她也要等到所有人的菜都上来再开始吃。想想看，未来第一夫人的面前摆着一盘凉了一半的意大利烩饭，这场面还挺不可思议的。但她总能适应，特别注意让所有人都感到自在。”[2]

布丽吉特的任务并不仅限于此。尽管不在机构人员名单里，她却是实实在在的团队一员。她在“前进”运动党的总部并没有办公室，“助手们”却每天都能在那里见到她。“她从来没有过官方身份，因为她不想要。”贝尔特朗·德莱解释称，“但埃马纽埃尔离不开她，他深知这一点，也是这么认为。所有他认为重要的事情，都会让她参与进来。”[3]她戏称自己为“报告女王”，比以前更加卖力地工作。有些

[1] 摘自《绝妙的喜剧》，加埃勒·扎卡洛夫著，弗拉马里翁出版社，2017年。

[2] 摘自2017年11月1日艾达拉兹与作者的谈话。

[3] 摘自2017年11月1日贝尔特朗·德莱与作者的谈话。

人甚至开玩笑说：会议上的最佳位置在哪里？是布丽吉特的旁边，而不是她丈夫旁边。布丽吉特曾承诺要“保护夫妻二人的生活”，埃马纽埃尔也非常重视她的建议和意见。她还积极参与招聘工作，与应聘者越来越多地进行互动。用“前进”运动党传媒顾问的话说，这表面上是为了“与团队之间建立感情”，但她的影响力已经超越了单纯的“感情”，比如她曾与未来的部长让-米歇尔·布朗盖和弗朗索瓦丝·尼桑共进午餐，还突然为希拉克时代担任部长并随后成为共和国调解员的让-保罗·德勒瓦当起了猎头。2017 年 1 月 14 日举办里尔会议时，坐在旁边的布丽吉特对他说，他“需要一个像他一样的人”来管理“前进”运动党未来的当选代表。两周后，同样曾在神意中学就读的德勒瓦正式成了埃马纽埃尔·马克龙的“议会选举先生”。这是丈夫交给布丽吉特的“购物清单”中她完成的又一个任务，这些清单上满是她要读的书以及要为丈夫而见的人。

另外一个工作内容：演讲。埃马纽埃尔·马克龙曾幻想成为一名演员。在巴黎求学期间，他注册过佛罗朗戏剧电影学院的自由班，还通过了部分电影的选角。不过，他还是需要演出指导的。“太长了”“注意强调各个阶段”“我没听明白里面的逻辑”“太枯燥了”“提高你的声音”……《喜剧的艺术》演出结束 20 年后，布丽吉特再一次成了他的戏剧老师，在他使用一连串晦涩难懂的概念时，她总会对他说：“如果我听不懂，那别人也听不懂。”你好，是木星吗？我是地球。“他非常聪明，”贝尔特朗·德莱说道，“她帮助马克龙把自己的思想变得通俗易懂，尽可能被大众接受。”[1] 竞选期间被布丽吉特比作圣女贞德、耶稣和塞戈莱纳·罗亚尔[2] 的埃马纽埃尔需要一个调节者，而这个角色，只有她能胜任。

飞速前进

为了确保丈夫能够体察民情，她还亲自前往“一线”。几个月的时间里，她一直扮演自己口中“海绵”的角色——前往各地进行竞选宣传期间，尽可能多地与当地人进行讨论。“她从来没想过要成为一名秘密顾问；正相反，她扮演的是间接的政治角色，负责考察法国民众的情绪。”菲利普·贝松分析说，“他们喊的都是她的名字，去见的也是她。发生什么有意思的事情，他们都会告诉布丽吉特，她也从来不会敷衍了事。每天晚上，她都会把他们的愤怒和希望转达给她的丈夫。”[3] 请她转达信息的也并不仅仅是这些普通百姓，马克-奥利维耶·福吉尔曾跟她提到过医疗辅助生殖的问题。她经常开玩笑说：“如果我要写书，书名就定为《把这事告诉你丈夫！》。”她甚至给自己制订日程计划，以便更好地扮演这个角色。“她的内心世界十分充实，”贝特朗·德莱解释说，“她想让自己成为有用的人。我觉得这同时也让她能够更好地应对那段时期的压力。”[4] 竞选运动伊始，布丽吉

[1] 摘自 2017 年 11 月 1 日贝尔特朗·德莱与作者的谈话。

[2] 现任法国北极和南极事务国际协商大使，曾作为社会党候选人参加 2007 年法国总统选举。

[3] 摘自 2017 年 9 月 11 日菲利普·贝松与作者的谈话。

[4] 摘自 2017 年 9 月 1 日贝特朗·德莱与作者的谈话。

特就已经像第一夫人一样开展与丈夫完全不同的计划：在前往各地宣传的同时，她组织了与各种协会的会面。连“前进”运动的团队都说，有些事情还是对女性倾诉更容易一些。2017 年 2 月 17 日，在卡庞特拉，她选择会见为受暴力侵害妇女提供帮扶的雷佐协会的团队，而没有去听丈夫在市政府的演讲。她说：“竞选期间，我体察到了别人所承受的痛苦。他们认为我也许能为他们做些什么，所以他们和我交谈时表现得十分坦率。”[1] 阿迈德 · 艾达拉兹见证了这些对话。“我想起在里昂一家癌学中心出现的感人一刻。她当时深受触动，眼睛里闪烁着泪光，甚至不时涌出泪水；还有一回，她去拜访波尔多的一家非洲妇女协会，那也令人印象深刻，但她一再坚持不要让摄像机拍摄。”[2] 无论对客人还是对她自己来说，这样可以让他们在没有媒体压力的情况下“一探究竟”。“在马赛时，她想去菲利克斯-皮亚居民区，”阿迈德 · 艾达拉兹继续说道，该居民区位于圣-莫隆区，是法国最贫穷的居民区之一，“她的一个朋友住在那里，希望向她展示该区所面临的问题，再由她转述给她丈夫听。我们三个人一同前往，没有随从人员，也没有媒体。一开始，那里的居民认出她以后感到非常吃惊，能够与她谈话也让他们备感兴奋。总之，所有人都对她的到来十分高兴，因为她并不是去对他们评头论足的，而是长时间地听他们倾诉——她拒绝走马观花式的短暂停留。”[3]

---

[1] 阿利克斯 · 布亚盖，同前书。

[2] 摘自 2017 年 11 月 1 日阿迈德 · 艾达拉兹与作者的谈话。

[3] 出处同上。

这些会面有时并不能立竿见影。2017 年 1 月，马克龙夫妇前往北部省埃莱姆，与“翼羽”艺术与词语工厂协会的工作人员交流了很久。该协会致力于为儿童开发可涂写书籍。曾是教师的布丽吉特对这一概念很感兴趣，协会的负责人便送了她一本，让她的丈夫与孙子、孙女们一同完成涂写。半年后，我们联系这位负责人时，她表示并没有获得马克龙夫妇的反馈，但当时见面的情形还是乐融融的。布丽吉特在竞选运动期间的特殊角色——介于敲门砖和报警器之间——有助于她参与制订总统执政计划。通过整合搜集到的大量信息，她得以涉足相关或她认为有必要参与的领域：残疾人问题、文化等。埃马纽埃尔·马克龙集结团队讨论文化娱乐卡的问题时，布丽吉特也在场并参与了讨论。当然也有教育领域，她曾向丈夫阐释自己比他“更为传统”的信念。关于性别平等的议题，她也表示非常关切，2017 年 3 月 8 日的互动活动便是证明。妇女节这一天，埃马纽埃尔·马克龙在安托万剧场组织了一场题为“她们在行走”的会议。这是一次好机会：既公开表明了他支持薪酬平等和反对暴力侵害妇女的态度，又前所未有地彰显了他与妻子是绝佳搭档。他说：“竞选活动期间，很多人看到布丽吉特出现时感到震惊。”同时也批判了“参选者不该与任何人分享个人生活”这种“虚伪”的看法。接下来便是他对走上台的妻子的一大段表白，称“他欠她很多，因为她帮助他成了今天的自己”。几周后，他并没有像此前吹风的那样任命她为女总理，不过在 3 月 8 日那一天，他还是明确了她作为首席助理的特殊位置。

马克龙夫妇在亲友口中营造的是“平等主义夫妻”的形象，然而有些人却想从中找寻证明布丽吉特是机会主义者的蛛丝马迹，是她催促丈夫尽快参加竞选的。毕竟，她曾对自己的朋友说过，“他必须参加 2017 年的竞选，如果等到 2022 年（再参选）的话，我这张嘴就成了他的绊脚石了。”[1] 连弗郎索瓦·奥朗德都怀疑她在背后推动着经济部部长马克龙的雄心，更不必说瓦莱丽·特里耶韦莱后来还成了她的同谋！2016 年 5 月，这位前第一女友偶遇了布丽吉特，后者当时正在圣日耳曼-德佩区的一家名为“社会”的别致餐厅用餐。[2]“埃马纽埃尔必须参选。”瓦莱丽怂恿说。布丽吉特答道：“是的，他必须参选，就现在。”瓦莱丽·特里耶韦莱后来在推特账号上否认了这次对话，但奥朗德看到这段对话时应该暴跳如雷了吧。第一夫人们啊，就是他的第一大悲剧……

第一轮投票结束当晚，自看到布丽吉特走上主席台的那一刻起，人们便不再怀疑她的雄心。“那一刻产生了一种对政治与媒体反应的震慑力。”媒体社会学者贾米尔·达科利亚指出，“候选人的妻子并不是由法国民众推选出来的，但埃马纽埃尔·马克龙却从一开始就突出强调他与妻子组成的团队，对夫妻形象的推广比对他个人的力度要大得多。这种做法很有冲击力，也十分与众不同。”[3] 4 月 23 日的演讲中最受欢迎的时刻，便是埃马纽埃尔·马克龙对布丽吉特致敬：“布丽吉特所做的远不止始终伴我左右，没有她，就没有今天的我。”在埃

[1] 摘自《埃马纽埃尔·马克龙：向爱丽舍宫前进》，尼古拉·普里塞特著，普隆出版社，2016 年。

[2] 西里尔·格拉齐亚尼在其《共和国第一秘书》（法亚出版社，2016 年）一书中描述了这一幕。

[3] 摘自 2017 年 11 月 28 日贾米尔·达科利亚与作者的谈话。

马纽埃尔的朋友们看来，她更多是在帮助丈夫，而非驾驭他。她一直幻想他能成为一名作家，而不是政客。总而言之，她更希望他能留在原先那家商业银行里工作。

“出于对他的爱，她一直追随着埃马纽埃尔，”贝尔特朗·德莱认为，“但她从来没为当上共和国总统夫人作过任何准备。”[1]据她的朋友说，这种身份在她看来只会造成无尽的烦恼。就拿媒体的关注来说吧，当她发现自己的某些玩笑话被记者当真时，曾哀叹道：“我真是什么也不敢说了！”此外，自称容易焦虑的她曾经在多个场合表现出迫不及待地想看到选举结果的样子。2016 年 10 月 4 日，埃马纽埃尔·马克龙在斯特拉斯堡召开一次主题为“煎熬中的法国”的会议，她开玩笑说：“现在最受煎熬的是我！”“前进”运动的团队曾经劝她要“低调”行事，她则回应说“要是能消失就好了”。她的朋友朱丽叶特·贝尔纳也证实“她并不是一个热衷于活跃在公众视线里的人”。[2]竞选运动并不是一条波澜不惊的长河，她有时会受到嘲讽或者愤怒的指责。“无耻之徒！”在她的丈夫发表了认为法国殖民是“危害人类之罪行”的言论后，有人朝她这样喊道。她曾经对佩内洛普·菲永[3]的遭遇深感震惊，可如今自己也受到了同样的社会审判。

“她很晚才接受自己成为第一夫人的可能，”菲利普·贝松回忆说，“于是她读了几本相关的书籍，内心充满了不安。”[4]竞选期间，

[1] 摘自 2017 年 9 月 1 日贝尔特朗·德莱与作者的谈话。
[2] 摘自 2017 年 8 月 16 日朱丽叶特·贝尔纳与作者的谈话。
[3] 指佩内洛普·菲永因“空饷门”受到全法国上下一片指责一事。
[4] 摘自 2017 年 9 月 11 日菲利普·贝松与作者的谈话。

她甚至对自己这位作家朋友说："如果马克龙失败了，也不算什么坏事。日子还要继续过。"5 月 7 日，她仍然选择陪在他身边，等待结果。"我在屏幕上看到埃马纽埃尔的脸时，我意识到了结果，然后……就开始焦虑。"她说道。这种焦虑在那一晚伴随她数个小时。"我当时在卢浮宫，看着他走上前去……我整个人完全顿住了，感觉好像被分成了两半。之后我的孩子们过来叫我：'好啦，你得上台了。'我说：'不，不，我想待在下面。'……我有种想哭的冲动。"[1] 尽管因到达巅峰而头晕目眩，她还是要重新上路：爱丽舍宫等待着她的到来。

[1]《叫我布丽吉特》，载于《她》杂志，同前文。

城堡生活

BRIGITTE
MACRON

“今晚，像我的姐姐玛格丽特一样，我也即将就任圣职。”1974年5月19日，安娜-埃莫娜·吉斯卡尔·德斯坦刚刚获知自己的丈夫当选了法国总统。在那一刻，她表现出了相当节制的喜悦……毕竟她最初的直觉始终在一步步地印证这一结果。成为第一夫人后，她的愿望是什么？“再也不要当第一夫人了！”她本人这样说道。这也许是因为在爱丽舍宫里流行着某种特殊的厄运。安娜并不是唯一一个感觉自己像是爱丽舍宫囚犯的人，尽管她并不住在那里。在她之前，伊冯娜·戴高乐就曾大声埋怨：“我们就像是租客一样！”其他人的感觉更惨一些：在爱丽舍宫生活的五年间，克洛德·蓬皮杜将之视为“修道院”和“监狱”，只同意每周在这座“噩梦之宫”里住两晚，其余时间在圣-路易岛[1]的私人公寓里躲清静；达尼埃尔·密特朗则完全不住在爱丽舍宫里，塞西莉亚·萨科齐和卡拉·萨科齐也作出了同样的选择——在爱丽舍宫打拼了12年的贝尔纳黛特·希拉克曾劝说卡拉·萨科齐避开“这座没有秘密的冰冷宫殿”，后者听从了她的建议。不过，尽管远离了爱丽舍宫，卡拉作为第一夫人的4年过得也不

[1] 塞纳河上的一座小岛，位于巴黎市中心。

顺。在尼古拉·萨科齐与弗朗索瓦·奥朗德进行权力交接的那天，她也许对瓦莱丽·特里耶韦莱说过这样的话："爱丽舍宫？在那里的生活总算结束了，我感到很高兴。"[1]她随后又说道，"那段时期异常艰难，我真想把自己藏起来，逃开那些恶意的攻击和摄影师、媒体的粗暴言行，他们连我最不经意的动作都不放过，就等着我犯错误。这样的残酷行为太多了。"瓦莱丽在经过充分考量后，最终也恨透了这个"令人窒息的地方"。记者罗贝尔·施耐德曾围绕这一主题创作了一本名为《第一夫人》[2]的作品，向我们描述了这种不适感："最大的困难在于，她们感到与世隔绝，那种被监禁的感觉令她们无比煎熬。此外，她们的丈夫也因为过于忙碌而被迫变得疏远起来。总的来说，她们每个人都声称坐上第一夫人交椅的那几年过得很辛苦。"[3]欢迎来到爱丽舍宫这座童话里的城堡！

爱丽舍宫的诅咒？

布丽吉特·马克龙在2017年5月14日来到爱丽舍宫时，已经对这些苦难了如指掌，因为丈夫早就向她讲述过这片禁锢之地的一切。他曾担任两年总统府副秘书长，期间一直尽力缓和那里的气氛。有一天，他把20个水泵拴在了一起，只为了逗同事们开心。他也知道，

[1] 前瓦莱丽·特里耶韦莱办公室主任帕特里斯·比安科在《爱丽舍宫的诅咒》（椿象出版社，2017年）一书中描述了这样一幕。

[2] 佩兰出版社，2014年。

[3] 摘自2017年9月25日罗贝尔·施耐德与作者的谈话。

弗朗索瓦·奥朗德并不喜欢住在那里，最初只想“理所当然地”继续留在自己位于第十五区的公寓里。竞选期间，布丽吉特搜集了不少资料，通读了前任第一夫人们的作品。“她们在那里过得可不算太幸福。”她对朋友们说道。在她尚未完全形成这种印象时，有些好心人还特意提醒她为未来5年的苦日子作好准备。“马克龙夫人，您可得小心啊，”6月11日，当她在勒图凯为第一轮议会选举投票时，一位路人对她说道，“爱丽舍宫有这样一个诅咒：第一夫人会在选举结束几个月后消失。”塞西莉亚·萨科齐和瓦莱丽·特里耶韦莱就没能在那里久留。“我的天！那得举行个驱魔仪式了。”她笑着答道。布丽吉特并不打算让爱丽舍宫的“阴魂”对她纠缠不休。丈夫甫一当选，她就毫不犹豫地从他们在第七区租的房子里搬了出来——他们早在2015年底就以近百万欧元的价格卖掉了第十五区的房子——并满怀热情地搬进了300平方米的总统官邸。“我感受到了曾在那里生活的女性们留下的些许印记，我想，她们还是在那里度过了一些幸福时光的。”喜迁新居三个月后，她这样讲道……或许她仍然坚信，“焦虑情绪也能够让我们懂得珍惜幸福的时光”[1]。

另外，她自己也承认：之所以同意搬进爱丽舍宫，是为了确保自己能够见到丈夫。自从离开教师岗位开始辅佐在经济部工作的丈夫以来，她就没打算滥用自己获得的独立。她解释说：“这样，白天我们可以在两次会见活动之间见面，只要没有特殊的应酬，基本上每天晚

[1]《叫我布丽吉特》，载于《她》杂志，同前文。

上能一起吃饭。”[1]既来之，则安之：她全面扮演起了女主人的角色。入驻爱丽舍宫不久后，她就一一见过了那里所有的服务人员。厨房、总机室、后勤部门、托儿所……所有人都十分兴奋地迎来了新任第一夫人的拜访。不得不说，在贝尔纳黛特·希拉克之后，再也没有人真正关心过他们的工作，无论是不常住的塞西莉亚·萨科齐和卡拉·萨科齐，还是来无影去无踪的“第二夫人”朱莉·嘉叶。无论如何，就像布丽吉特对朋友们说的那样，爱丽舍宫这部庞大的机器始终“运转完全正常”。她根本不需要向爱丽舍宫的厨师长纪尧姆·戈麦兹介绍她丈夫的口味偏好——在发现总统对奶酪夹心肉排情有独钟后，厨师长主动在鸡尾酒会上供应迷你版的肉排。在这里，女主人的角色并不是最难扮演的。

不过，想要完全占有这 1.12 万平方米就没那么容易了。克里斯蒂娜·乌里伍奇[2]作为这一问题的专家，向我们解释了原因：“爱丽舍宫是一个职业场所，但它不是完全中性的，它被赋予了历史的分量和某种展示与传承的使命。要想占有它，并非易事。”无论是把它当作职务用房的戴高乐将军，还是将之视为“戏剧布景”的奥朗德，法国总统通常不爱赋予它任何个人特色。“对于第一夫人来说，困难还要加倍，”克里斯蒂娜继续说道，“它既不算住所，也不是她受封的地方。容许她自由发挥的空间很小，却仍有必要注入一种符合她个性

[1] 摘自《第二至第五共和国期间爱丽舍宫里的女人们》，若埃尔·舍韦著，罗歇出版社，2017 年。
[2] 曾著有《生活场所的心理宗谱学：这些占据我们心灵的地方》，帕约小书楼出版社，2010 年。

的新气象。”[1] 布丽吉特很快就在那里忙活起来，也许还设想自己会主持一场大规模的翻新工程。墙上的裂缝、地上的啮齿动物（萨科齐的团队曾经抱怨，除了脏乱和烟味，爱丽舍宫里还有老鼠）……爱丽舍宫可不是什么豪华酒店！除了审美问题，基础设施也亟待完成现代化改造：电力、管道、火灾警报……审计法院曾鼓励爱丽舍宫大规模地装修并将之编入预算，目的在于保护国家遗产。然而，10 月份，埃马纽埃尔·马克龙最终选择放弃，上千万欧元的总统官邸翻修工程预算令他失去了热情。

彻底翻新暂时还不会发生。不过，在此期间，布丽吉特迅速致力于重新包装爱丽舍宫。从 20 世纪 50 年代起就从没更换过的旧挂毯、礼堂里长长的帷幔，还有过时的地毯，这些统统退场。她喜欢对顾问们说：“我让人把牧羊女和绵羊都送走啦！”2017 年夏天到来之前，她还先后前往国家家具设计中心、哥白林织毯厂和国家当代艺术基金会挑选了几件更具现代感的家具，如汉斯·哈同和皮埃尔·阿列钦斯基等艺术家设计的地毯和挂毯、灰色混凝土办公桌……在礼仪官约瑟·皮耶特罗伯尼的协助下，她开始像克洛德·蓬皮杜当年那样重新审视爱丽舍宫内的各个场所。她还向塞福勒瓷器厂订购了一套新餐具。“爱丽舍宫有着悠久的历史，但它并没有停滞在时间里，”她解释说，“我尽己所能作出改变，特别希望把窗户从让大厅显得十分阴暗的厚帷幔下解放出来。如今，大厅里的光照更充足，望向花园的视野

[1] 摘自 2017 年 9 月 14 日克里斯蒂娜·乌里伍奇与作者的谈话。

也更开阔了。”[1]这也更能让她感受到家的氛围。“住所就像你的第二张皮肤，像一面镜子，”克里斯蒂娜·乌里伍奇强调说，“它反映出的是一个人本来的样子，或者是想要成为的样子。”[2]这种占有爱丽舍宫的方式尤为重要，因为在其他方面，这位第一夫人没有空间释放自我了……

监视下的自由

一直十分重视自由、立誓要维持正常生活的她，不得不承认自己已经做不到这一点了。用墨镜和帽子伪装起来悄悄溜出去的日子一去不复返了。如今，无论她去哪里，安保人员都如影随形。自从竞选期间她在勒图凯的房子被保护起来后，她开始逐渐适应各种束缚。这也让她与部分邻居的关系紧张起来：共和国安全部队的两辆大车长期停驻在莫内让别墅前后，这让邻居们大为光火。“这里都变成朝圣的大街了。”隔壁的阿尔及酒吧里有人抱怨说，“安全部队在这里，开车的人都不能停车进来买香烟了。”另外一些人认为，全副武装的警察队伍令人窒息。接到投诉后的几周里，他们被要求以更低调的方式巡逻，还要把冲锋枪留在车里！如果发生了袭击，去车里取就行了……

马克龙就任后，夫妻二人不得不放弃第二住所——莫内让别墅：它坐落在商业繁荣的圣-让大街上，根本没有办法对其进行保护，于

[1] 摘自《第二至第五共和国期间爱丽舍宫里的女人们》，若埃尔·舍韦著，罗歇出版社，2017年。
[2] 摘自2017年9月14日克里斯蒂娜·乌里伍奇与作者的谈话。

是，夫妇俩开始在安静得多的拉弗莱区寻找新住宅——有人说是租，也有人说是买，不过截至目前还没有找到。总之，他们再也没空享受勒图凯的日常生活了。两人同去水漂餐馆吃饭，她照例要一份鹅肝，他要一份干酪烤蛏，两人再共享一份巧克力甜点？已经不可能了。"今后5年里肯定都见不到他们了。我们的餐馆都是玻璃窗，太难布置安保了，"餐馆老板塞巴斯蒂安·德莱图瓦耶和米盖勒·托马遗憾地说道，"太遗憾了，因为他们是非常好的客人，比一般人更懂礼貌。他们总能跟每个人都说上两句，吃完饭以后还会等厨房的人出来，跟他们告别后再离开。"[1]

5年任期内，这样的习惯将无法保持。布丽吉特曾信誓旦旦地说绝不会任人把自己关起来，却不得不同意减少出行……危险确确实实存在，没多久她就发现了这一点。首先是各种恐吓信，比如，5月中旬寄到爱丽舍宫隔壁警察局的一封信中附寄了一张马克龙的照片，前额正中有一个洞，信里用阿拉伯语预言他将在两个月后死亡。还有专门寄给布丽吉特的信，内容令人不安，始作俑者是一对夫妇。警方在10月18日对他们进行质询后发现，二人患有急性妄想症。10天前，还有一名男子在拍摄法国领导人第二官邸灯笼阁时被捕，马克龙夫妇经常在那里欢度周末。在他的相机里，警方还找到了一些国民议会和火车站正面的照片。这些事件受到高度重视，政府加强了总统的安保力度：2017年开学时，又为两人增派了约50名安保人员，还在爱丽

---

[1] 摘自2017年9月21日二人与作者的谈话。

舍宫入口安装了自动升降路桩，降低自杀式行凶的可能性。

这种高强度的警戒也延伸到了布丽吉特的家人身上。5 月底，《北方之声报》证实有警察在蒂费纳·奥齐埃孩子所在的学校周围巡逻。蒂费纳表示："之所以作出这种决定，是因为他们认为有这个必要。"几天后，她本人也被保护起来：议会选举期间，作为"前进"运动党勒图凯候选人蒂博·吉吕候补者，她受到了恐吓；针对她姐姐洛朗斯在丰特奈-苏布瓦的安保措施也有所升级。自 2017 年 5 月以来，布丽吉特终于深刻体会到丈夫当选给她亲友的生活带来了多大改变。她的儿子行事十分谨慎，还是被动地成了媒体的焦点：2017 年 9 月底，塞巴斯蒂安·奥齐埃因操控国家舆论研究所在社交媒体上受到"指责"，该研究所此前刚刚公布了一项民意测验，结果显示对总统的支持率上升了 5 个百分点。但这一消息并不属实：没错，马克龙的继子确实是一名统计学者，但他近十年来一直在卫生领域工作，就职于凯度国际医药咨询公司，目前担任公司副总裁。在这之前，他的职业生涯始于法国时尚学院，国家舆论研究所从未在他的简历上出现过。

第一夫人布丽吉特显然很难接受这样的争议与生活上的调适。瓦莱丽曾在法国蓝广播电台上预言布丽吉特"将失去一切自由"，后者已然要推翻这一说法。马克龙的任期甫一开始，她就让安保人员出了好一身冷汗：5 月 25 日，她与比利时首相的女友阿梅莉·德勃朗恩在布鲁塞尔市中心引来了围观的人潮。即便在爱丽舍宫里，她也想过上最正常的夫妻和家庭生活。2017 年 10 月，她坚持像以前一样带丈夫去看演出，计划观看在市立剧院上演的《布瓦尔和佩库歇》和圣-马丁门剧院的《伪君子》。当然，这两次出行和以前并不太一样：夫妻二人在戏剧开场后“潜入”包厢，又在结束前离开。然而，布丽吉特坚持要保持一种表面上的自由。几周前，她甚至偷偷地参加了孙子和孙女的开学典礼！8月3日，她又和女儿洛朗斯的两个孩子去埃莫雷的动物保护协会领养了一只狗。动物保护协会会长娜塔莎·哈里告诉我们：“她像那两个孩子一样，非常专心地听人说着这些在夏天被遗弃的小动物的命运。”[1]她有一个非常重要的挑选标准：“她想要一只能跟孩子们和家里其他宠物和谐相处的狗。”三周后，马克龙夫妇又回到那里，选中了一条与格里芬犬杂交的黑色拉布拉多，此前它在蒂勒——弗朗索瓦·奥朗德[2]的大本营——被人遗弃。于是，这条名为马林的拉布拉多犬开始了它在爱丽舍宫的生活，因为2017年是N年[3]（也因为马克龙很喜欢《海底两万里》[4]这部小说），它很快就有了新名字：尼摩。

讨孙辈的欢心？这是布丽吉特的一个愿望，她与他们保持着各种联系，比如在勒图凯骑行，每年参观一次博瓦尔动物园。“她和他们非常亲密，感情很深，”很早就见过布丽吉特所有家人的阿迈德·艾达拉兹告诉我们，“即便是大选将至，她也继续想办法腾出时间来见他们。”[5]她是用这种方法维持“以前的生活”：仍然像当初在经济部

[1] 摘自2017年8月29日娜塔莎·哈里与作者的谈话。
[2] 奥朗德在当选法国总统前曾任蒂勒市市长。
[3] 在法国，为宠物犬办理身份登记时，要根据狗的出生年份对应的字母来取名。
[4] 尼摩船长，《海底两万里》中的人物。
[5] 摘自2017年11月1日阿迈德·达兹艾拉与作者的谈话。

时那样专注于家人，宣布每周三和周五下午都由她自己支配。这两段时间，她留给了塞巴斯蒂安·奥齐埃与在赛诺菲任生物统计师的妻子克里斯泰勒的孩子卡米耶和保罗，洛朗斯和丈夫纪尧姆·茹尔丹（二人分别是心脏病科医生和放射科医生）的孩子艾玛、托马和阿丽斯，以及蒂费纳与肠胃病专科医生安托万·肖托的孩子爱丽丝和奥莱尔。“有些由我来安排的事情，我会雷打不动地坚持，比如带孩子们去练空手道和看儿科医生。埃马纽埃尔出国时，我就去找蒂费纳。我跟孩子们相处得很好，我感到很幸运。我不能没有他们。”[1] 她的丈夫很清楚这一点。他接纳了这个家庭，探望他们的频率远高于探望自己的家人。2008 年，马克龙想要参加市镇议会选举时，选择了妻子所在的城市勒图凯。他以前也常伴孩子们左右，曾经鼓励蒂费纳参加律师资格考试。他也是三个孙辈心目中帅气的“爹地”——他的外号，布丽吉特不让他们管他叫“外公”——这是她在阅读和播放《小猪佩奇》时特意叮嘱他们的。“虽然他们不是我的亲生子女，我还是会给予他们同等的爱。”让-玛丽·勒庞就这一问题向他发难，2017 年 4 月 17 日，马克龙在接受 BFMTV 电视台记者让-雅克·布尔丹的采访时这样回应。

5 月 7 日，在卢浮宫的舞台上，有那么一阵子，洛朗斯·奥齐埃的长女艾玛[2] 抢了祖父的风头。不少人预测未来会看到这个家族入主

[1] 摘自《夫人的走廊》，阿利克斯·布亚盖著，瞭望台出版社，2017 年。

[2] 5 月 7 日，马克龙在卢浮宫广场上庆祝当选时，其继女洛朗斯和丈夫携女儿艾玛出席了庆祝仪式，艾玛出众的样貌和不俗的气质引起了媒体的争相拍摄。

爱丽舍宫。他们猜对了：5 月 14 日，这个家族在爱丽舍宫参加了权力交接仪式并允许对家人拍照——自从十年前萨科齐就任以来，这还是第一次。不过从那以后，家人们就很少在爱丽舍宫露面了。“爱丽舍宫是办公和举行正式接待活动的场所，以后也是如此。”布丽吉特说道，“我们与儿辈和孙辈的家庭生活当然也有专属的地方，但绝大多数时间肯定不在爱丽舍宫里。”[1] 由于安全原因和满满的日程，这种家庭生活已经与以前大不相同了。“他们怪我没有陪他们。”竞选期间，布丽吉特谈到孙辈时曾这样说。对于第一夫人的角色，她很快将之视为一种全职的定期合同工作。一进入爱丽舍宫，她立刻着手改造位于“夫人厢房”底层的富吉尔沙龙——也称“蓝厅”。这座明亮的大厅位于图书馆和棋牌室之间，正对着爱丽舍宫的私人花园，其名字来源于厅内挂毯上的花卉图案。布丽吉特在厅内放置了一张由国家家具设计中心提供的马塔利·克拉塞设计的新式桌，稍稍减弱了“蓝厅”贵妇沙龙的氛围，她还自豪地在那里摆上了孙女艾玛送给她的一幅画。每天早上 9 点，她都同前任塞西莉亚·萨科齐、卡拉·布鲁尼和瓦莱丽·特里耶韦莱一样，下楼来到这间办公室工作。不过，布丽吉特想要让世人明白，她与她们的比较到此为止。新工作到底是什么呢？她坚持要亲自定义岗位职责。

[1] 摘自《第二至第五共和国期间爱丽舍宫里的女人们》，若埃尔·舍韦著，罗歇出版社，2017 年。

“一份乐在其中的工作”

BRIGITTE
MACRON

“她会担任一定的职务，我不会把她藏起来，因为她是我生活的一部分，她的意见很重要，而且总统职务会让我失去了一些个人的东西。”2017 年 3 月 3 日，在 RTL 广播电台中，候选人马克龙坦言，如果当选总统，他将明确第一夫人的职务，给她一个官方身份并拟定相关的职责框架。他认为，这样就可以避开上一任总统在这方面遇到的那些小问题。[1]“否则，某些做法就会处于真空地带，显得遮遮掩掩，这是相关人员（即布丽吉特）无法接受的，也是一种虚伪。”是的，不过……当选后，他还是没能为妻子的自由确立地位。他设想在 9 月发布的[2]通告未能成形，在此期间出现了不少反对的声音。首先国民议会议员有些紧张，将这视为所禁止的聘任家属行为……因此，国民议会在 7 月对布丽吉特的问题进行了审议，“不屈法国”运动的议员甚至提交了一份修正案，提议避免“将私人生活与公共生活混在一起”。该修正案并未通过——16 票赞成、123 票反对；7 月底在 change.org 网站上发起的反对第一夫人官方身份的请愿书却获得了成

[1] 尼古拉·萨科齐在 2009 年接受《观点报》采访时公开承认其妻卡拉·布鲁尼有时会对他的决策产生影响。

[2] 关于妻子职务的。

功。这份致埃马纽埃尔·马克龙和总理爱德华·菲利普的请愿书在几周内获得了近32万个签名。“总统竞选期间，我们反对妥协；竞选结束后的现在，我们正处在一个提高道德水平的时期。议会曾经要求议员不再聘用家庭成员，现在竟然开始讨论要不要给布丽吉特·马克龙官方身份的问题！这种‘双重标准’是不公平的。”请愿书的发起人蒂埃里·保罗·瓦莱特说道，“至少时机不对，这不是法国人的当务之急。”[1]

地位不稳

自从瓦莱丽·特里耶韦莱入主爱丽舍宫以来，“第一夫人”这个概念本身开始广受质疑。2014年1月24日，即《近距离》杂志曝光奥朗德私情的两周后，布吕雷·维尔合伙机构和《巴黎人报》共同开展的民调结果清晰地显示，受访者中有54%的人不愿再接受第一夫人这一庄严的形象。结果公布的第二天，奥朗德致电法新社，“宣布他结束了与瓦莱丽·特里耶韦莱的共同生活”，从此在没有正式第一夫人的情况下完成自己的任期。“由于朱莉·嘉叶随后拒绝成为第一夫人，人们意识到，没有这样一个人也是可以的。”记者罗贝尔·施耐德分析说，“在正式出访时，只有总统一人受到接待，这样其实也还好。有趣的是，布丽吉特·马克龙目前很受欢迎，不过

[1] 摘自2017年8月18日蒂埃里·保罗·瓦莱特与作者的谈话。

法国人认为她不堪大用。”[1]

表面上看，这些反对之声并未让总统屈服。8月21日，政府官方网站上公布了一份简单的《关于国家领导人配偶地位的透明度基本规则》声明，完全不是此前承诺公布的法律文书。《规则》中明确了配偶的传统使命——从国际性出访时代表法国形象到支持慈善事业，规定每月底公布日程安排一览表，以实现更高的透明度，此外还宣布不会为布丽吉特设置专门的预算和薪酬。她的办公室成员只包括两名秘书和两名顾问：曾在巴黎市政府工作的皮埃尔–奥利维耶·科斯塔和特里斯坦·布罗梅分别被任命为办公室主任和办公室负责人。显然，这一人数远低于当年指派给贝尔纳黛特·希拉克的21人，也不及卡拉·布鲁尼的8人。不过人员成本依旧很高，甚至高过2013年瓦莱丽·特里耶韦莱的办公室成本。2017年11月，时任政府发言人克里斯多夫·卡斯塔内公布年度职能运转费用为44万欧元。有些人对这种主动透明并不买账，很快便发起了针对她的人身攻击。2017年夏天，在围绕其地位进行讨论期间，布丽吉特就收到了侮辱信。“这样的信件就像5月份之前收到的那些一样，”她的亲信告诉我们，“还是针对她的年龄和夫妻形象的老调重弹，她已经习惯了。”

在她身边的人看来，她并不会太在意这些信件。或许是在竞选期间面对攻击时形成的习惯使然，不过她也确实无暇顾及。对于布丽吉特来说，她的5年“任期”很快便拉开了序幕。尽管害怕乘坐飞

[1] 摘自2017年9月25日罗贝尔·施耐德与作者的谈话。

机，她还是不得不飞往世界各地。5 月 25 日，她陪同丈夫前往布鲁塞尔，参加他就任后的首次北约峰会；第二天，他们又赴陶尔米纳参加 G7 峰会；她还参加了 7 月初在汉堡举行的 G20 峰会和 9 月中旬在纽约举行的联合国大会，这对她来说是一个磨炼自我和向同等身份的人取经的机会。她与各国领导人的配偶建立了联系，首先便是梅拉尼娅·特朗普。一个出身亚眠资产阶级家庭，另一个在斯洛文尼亚度过了不甚富足的童年；一个总爱引述伏尔泰的名言，另一个喜欢抄袭米歇尔·奥巴马的演讲；一个管理着丈夫的粉丝俱乐部，另一个则拒绝在公共场合和丈夫牵手。7 月 13 日和 14 日这两天，她们二人在特朗普访问巴黎期间明显表现出十分亲密的关系。布丽吉特声称她和梅拉尼娅都很关心教育问题，认为梅拉尼娅“令人感动”。她们都在总统竞选期间受到了疯狂的性别歧视性攻击：布丽吉特因与丈夫的年龄差距而受到嘲讽（特朗普夫妇有着相同的年龄差，却没有引起如此多的争议……），梅拉尼娅则因为早年的裸照遭公开而受到“荡妇羞辱”，这样的经历使她们彼此靠近。当特朗普对布丽吉特作出“你身体状况还不错啊”[1]这样一句令人感到震惊和尴尬的评价时，她拉住梅拉尼娅的胳膊后退了一步。法国和美国至少在这方面达成了一致……

丹麦王妃玛丽、卢森堡女公爵玛利亚·特蕾莎、危地马拉第一夫人帕特里西娅·玛洛晶·德·莫拉莱斯、墨西哥第一夫人安热立

[1] 特朗普的原话为“you’re in such good shape”，in good shape 通常表示一个人的精神或身体状况好，有时也可引申出身材好的意思，特朗普因为这句话广受批评。此处的法文译文仅有“身体/精神状态好”之意，并没有强调布丽吉特的身材。

卡·里维拉·德·佩涅阿……入主爱丽舍宫的最初几周内，布丽吉特还接见了其他国家同等身份的女性，她还为了更好地完成这些外交会面而学习英语。“我会边听别人怎么说，边学习。比如哥伦比亚总统夫人陪同丈夫来访，跟我谈起拉丁美洲的情况时，我就能更好地理解那里发生的一切。这一切都不是无关紧要的小事，这是一份让我乐在其中的工作，我会努力作出法国人希望我作出的回应。”[1] 面对其他人时，她则希望在座谈之外有所行动。她与科特迪瓦总统夫人多米尼克·瓦塔拉一同参与到国际区域气候行动组织推出的妇女绿色基金工作当中，基金会主席米歇尔·萨班促成了两位第一夫人的合作。“她们首次通话的氛围十分轻松自由，”她回忆说，“我认为非洲国家的元首夫人们非常高兴能与法国第一夫人对话，这种情况在贝尔纳黛特·希拉克之后就再没有出现过。”[2] 在与法国第一夫人首次会面后，多米尼克·瓦塔拉还在媒体上对布丽吉特的率真表示了赞赏。诚然，布丽吉特解释说，她很难产生自己是第一夫人的感觉，但她还是满怀热情地完成自己的职责，并认为这是给她的“一份礼物”。“她非常投入，令人很放心。她知道自己要做什么，不会用身份来刷存在感，而是在某些问题上为总统提供帮助。”米歇尔·萨班总结道。

在两位第一夫人的首次交谈结束十日后，萨班见证了布丽吉特的付出。2017 年 6 月 23 日，她再次来到爱丽舍宫，为了陪同前去与法国

[1] 摘自题为《布丽吉特与梅拉尼娅：和谐融洽》的文章，载于《巴黎竞赛画报》，2017 年 7 月 20 日号。

[2] 摘自 2017 年 8 月 26 日米歇尔·萨班与作者的谈话。

新任总统探讨环境问题的国际区域气候行动组织创始人阿诺德·施瓦辛格。布丽吉特接待了他们，在爱丽舍宫前的台阶上微笑合影，随后坚持要出席施瓦辛格与总统的会面——同年7月，博诺[1]和蕾哈娜[2]到访时她也是这样做的。“她手里有第一次见面时我交给她的关于妇女绿色基金会的资料，跟施瓦辛格也谈起了我们的基金会。她很清楚自己要做什么。别忘了，她以前曾是教师，有备课的习惯。”

多重角色

她会见过的大部分协会和企业负责人都提到过她老师—好学生的一面。参加这些会面活动时，她都会避开媒体——不过会面结束后，他们的自拍合影倒是在社交网络上广泛流传——她更倾向于在协会和企业所在地进行会面，而不是在爱丽舍宫里。“这样一来，他们就能够畅所欲言，我们也能真正发现一些问题，”她的办公室成员对我们解释道，“她也喜欢走出去看看真正的生活。”2017年6月16日，萨拉·达·席尔瓦在她位于维勒班的公司接待了布丽吉特，她的公司“康斯坦与佐伊”专门生产为残疾人设计的服装。“布丽吉特的办公室在她来访前一周联系了我。”萨拉告诉我们，“她想要更多地了解我们的品牌，特意从巴黎赶过来，和我们聊了整整两小时。我请来了四个客户的家人，这样她就能够对我们的产品给出比

[1] 爱尔兰著名摇滚乐队 U2 的主唱。

[2] 巴巴多斯流行歌手，目前在美国发展。

较客观的看法。”[1] 那一天，布丽吉特见到了大卫，他从出生起就被诊断为脑瘫，只能通过一台发声平板电脑来与人交流；还有卢娜，她在小时候遭遇了一场车祸后永远地坐在了轮椅上。“看得出来，她已经对残疾人的问题有所了解。她认真地向我们询问，还会针对我们的回答提出新的问题。她的手下一直在做笔记，我发现他们形成了一整套工作方式。”接下来就要看看，除了康斯坦与佐伊公司收到的与布丽吉特・马克龙的合影之外，这次会面有没有实质性成果了。“我们希望看到具体的行动，因为残疾问题一直被世人所忽视。不过至少现在我们有一位对这个问题感兴趣的第一夫人。”

实际上，竞选活动伊始，布丽吉特就受到朋友帕特里克・图勒梅的启发，关注起残疾人的问题。图勒梅是塞纳-圣但尼省手工业协会的会长，马克龙就任经济部部长后，经常去拜访这对夫妇。在博比尼的培训中心里，甚至张贴着马克龙宣布参加总统竞选的通告。他与布丽吉特谈起过残疾人面临的诸多困难，他本人靠轮椅行动，他的哥哥去世前是自闭症患者。布丽吉特任教时也曾有被诊断出阿斯伯格综合征的学生，因此格外关注残疾人的问题。“我带埃马纽埃尔和布丽吉特去了瓦勒德瓦兹省的一个成年自闭症患者中心，”图勒梅说道，“她专心地倾听中心里患者的倾诉，回答问题，甚至耽误了埃马纽埃尔的行程。从那以后，她开始致力于残疾人问题，她发现了这方面的欠缺，意识到自己能够有所作为。总统夫人是最有资格提醒总统不该忽

---

[1] 摘自 2017 年 8 月 17 日萨拉与作者的谈话。

略某种事业的人。残疾人的世界需要她的帮助。”[1]后来，布丽吉特还受到一个学生的触动，关注起自闭症儿童面临的困境。多米蒂耶·科埃是在神意中学认识布丽吉特和埃马纽埃尔的，她曾出现在夫妇二人改编的《喜剧的艺术》的演出名单上。2016 年 10 月，她给原来的老师发去短信，并不是同她探讨戏剧。科埃的儿子是自闭症患者，她想让布丽吉特了解一种“关于健康、社会与人性的丑闻”。第一夫人当即回复了她，并立刻行动起来。“有太多人由于他们的处境、残障、疾病或者特殊的人生经历而吃到闭门羹，艰难地为自己争取基本权利，比如受教育的权利。”布丽吉特分析道，“我想要宣传推广那些具有包容性的倡议，反对那些具有排斥性的僵化思想。”[2]

于是，竞选一开始，她就成立了一个工作组，由她一人领导，在没有埃马纽埃尔·马克龙参与的情况下，独自处理这一问题。工作组会议上有日后成为负责残疾人事务的国务秘书苏菲·克吕泽尔和主要协会的负责人，包括“法国自闭症援助”组织的主席奥利维亚·卡当。“氛围很好。她很爽快，一点儿也不做作。我感觉她确实非常关心（自闭症的问题），这也给了我不小的希望。她没有拘泥于关于自闭症的老生常谈，对外国进行的试验持很开放的态度。后来，我们又通过电子邮件进行了交流。”[3]然而，在布丽吉特进入爱丽舍宫后，他们就无法保持这样的联系了，卡当对此感到遗憾：“他们告诉我，以

[1] 摘自 2017 年 9 月 18 日特克帕里·图勒梅与作者的谈话。

[2] 摘自《第二至第五共和国期间爱丽舍宫里的女人们》，若埃尔·舍韦著，罗歇出版社，2017 年。

[3] 摘自 2017 年 9 月 1 日奥利维亚·卡当与作者的谈话。

后不能直接与她联系了，这很可惜。我感觉‘前进’运动党的团队在搞政治方面有着一套很特别的方式，让我想起了尼古拉·萨科齐的团队。萨科齐在任期间，我是“妇女之声”组织的主席，可以直接与他联系。他总是很快接见我们，并在一周内就会给予我们很大的支持……而现在立刻就出现了沟通上的障碍，我一开始并没有发现，不过只是最初阶段才这样。”7 月 6 日，布丽吉特率先公布了第 4 个自闭症计划，但并没有像有些人期待的那样成立基金会，或许是因为她不想让计划和政治扯上关系……也为了日后能够关注其他领域。

这位第一夫人拒绝接受“法国版的米歇尔·奥巴马”这一头衔。她的丈夫“复制–粘贴”了不少贝拉克·奥巴马的公关方式，她可不打算这么做，尤其不会像米歇尔·奥巴马致力于儿童肥胖问题那样只专注于一项事业。由于布丽吉特并没有官方身份，她可以在总统留给她的行动领域里自由发挥。她在马克龙当选前就吃下了定心丸：“埃马纽埃尔总是对我说：‘在遵守规则的前提下，你的角色由你自己来定’。”[1] 她想要的，是一种多重角色。刚一进入爱丽舍宫，她就通过组织各种会面来展示自己成为多面手的意愿。她首次出行的目的地是维勒瑞夫的古斯塔夫–鲁西研究所，去了解住院儿童的入学情况。7 月中旬，她又在爱丽舍宫接见了“集体”组织的创始人马克·拉瓦纳和阿卜杜勒·阿依苏；她还听取了“我的联网书包”组织的陈述，该组织旨在帮助长期住院的儿童与所在班级保持联系。“我们在那里

[1] 摘自《夫人的走廊》，阿利克斯·布亚盖著，瞭望台出版社，2017 年。

停留了两个多小时，深入地介绍了‘我的联网书包’组织。”阿卜杜勒·阿依苏说道，“她的直爽和反馈能力令我们印象深刻。我们非常重视组织的独立性，所以才接受了这次会面，第一夫人毕竟不像部长或者总统那样与政治有过多的牵连。我们的事业里不涉及政治考虑和政治效应。”[1] 布丽吉特本人想要的也是这种特殊的节奏，她说：“我的工作要求我进入一个不同的空间，一个远离时事热点的空间。”[2] 除了对恶意中伤的担忧以外，这样一种意愿或许也是她在社交媒体上保持沉默的原因。

然而，这样一种远离媒体是非的决心无法完全经得住某些现象的考验。10 月 16 日，全世界都震惊于韦恩斯坦事件。韦恩斯坦被指控对数十名女性施以性暴力，法国总统宣布已启动撤回授予这位美国制片人荣誉勋章的程序，大众也针对此问题展开了热议。在推特和脸书上，大家都在“揭发自己的猪”[3]。第一夫人布丽吉特在巴黎一所学校参加由欧洲防治脑白质病协会（ELA）组织的一场宣讲时，被人问到了这一话题。“女性能站出来发声，我感到非常欣慰。这也许算是坏事变好事吧。”她对在场记者答道。当晚，她又重申了自己的回答。“她们这样做真的太有勇气了，我也呼吁大家打破沉默，这世上的某种东西正在发生着变化。”她在走出安托万剧场时对记者说道。当时，

[1] 摘自 2017 年 9 月 26 日阿卜杜勒·阿依苏与作者的谈话。

[2] 摘自《第二至第五共和国期间爱丽舍宫里的女人们》，若埃尔·舍韦著，罗歇出版社，2017 年。

[3] 这一说法源于韦恩斯坦事件曝光后，法国人桑德拉·穆勒在社交网络上发起的话题标签“balancetonporc（揭发你的猪）”，旨在鼓励女性曝光曾经对她们进行过性骚扰的男人。

她刚观看完《小瘙痒》[1]，陪同她的是司法部部长妮科尔·贝卢贝、国务秘书邦雅曼·格里沃和马琳·希亚帕。他们的出现不无深意：该剧涉及的正是恋童癖的问题，演出结束后还有一场关于性别暴力和性暴力的讨论。不过，布丽吉特并没有参与讨论，只是听取了负责性别平等事务的国务秘书希亚帕的汇报。

这会不会是为了避免干涉希亚帕的工作领域？希亚帕否认了这种看法。“在我看来，布丽吉特所做的事情非常重要。她真的很投入，会给我们一些建议，她也能很准确地把握时代的走向。”她解释说，“我们非但不是竞争关系，甚至还需要她的参与，邀请她与我们合作。她身上有一种光环，她的投入对于我们希望推广的事业来说也是一种支持。”[2] 在残疾的问题上，苏菲·克吕泽尔也有相同的感受：“她想保持低调，”她说道，“她收到过大量关于残疾问题的信件，法国人都愿意写信给她。她非常积极地投入其中，但她也知道，自己每次出行都可能会让问题的核心失去焦点。为了避免这种情况的发生，她每次出行都远离媒体。”[3] 并非所有人都能理解这种非竞争关系。有些协会的负责人称，有时候会很难决定自己该向谁反映问题，到底是第一夫人还是相关领域的部长。“当然，她的角色并没有一个预设好的定义，”奥利维亚·卡当承认，“所以有些不太好理解。竞选前就见过布丽吉特的人都会来找她，然后才发现某个问题并不是她在负责解决。

[1] 又名《愤怒之舞》（*la Danse de la colère*）。

[2] 摘自 2017 年 9 月 15 日希亚帕与作者的谈话。

[3] 摘自题为《第一夫人，第一角色》的文章，载于《巴黎人报》，2017 年 8 月 13 日号。

有些组织很难接受这种隔阂。”[1]

希望学校

苏菲·克吕泽尔、马琳·希亚帕、让-米歇尔·布朗盖和弗朗索瓦丝·尼桑等人就任部长几天后，布丽吉特便与他们共进了午餐。这似乎表明，比起对协会组织的关注来，她在政治上的参与度要更高一些。2017 年 7 月 20 日发行的《现实价值》封面上，“副总统”的形象更让某些人产生了猜想。该周刊写道：“第一夫人入主爱丽舍宫后，行事更加谨慎，但她对总统的影响并未变小，甚至让各位部长和顾问产生了顾虑——他们担心她那过度的自由。”布丽吉特参与度最高的是哪个领域？当然是教育领域了。在整个竞选过程中，布丽吉特逐步提炼出了她对教育问题的看法：将贫困地区的预备班和初级一年班[2]全部分成两个班级，向有困难的中学派遣试验性质的半工教师，重新将拉·封丹纳入教学大纲……“一切都是在学校里形成的。”她经常重申这一点。另外，“给孩子们提供课堂学习以外的一些东西”也成了她在接受的极少数采访中提到的任期内优先任务。她会不会是埃马纽埃尔在教育问题上的心腹谋士呢？可以这样想。2017 年 5 月 15 日，关于总统内阁成员名单的政令里，被任命的 43 名参议员中蒂埃里·库永担任高等教育、研究和创新部部长……但没有人被任命为教

[1] 摘自 2017 年 9 月 1 日奥利维亚·卡当与作者的谈话。
[2] 相当于小学一年级。

育部部长。

无论是对埃马纽埃尔·马克龙学识上的影响，还是在竞选中的投入，一切都表明了布丽吉特所扮演的政治角色。记者洛朗斯·马苏莱尔把著作《无法管理的法国》寄给布丽吉特时，第一夫人在回复中使用了“我们”这个人称。她写道：“您也知道，我们已经准备好迎接一切挑战。”[1]她的朋友们有时也会十分自然地提到这一点。“她直率、平易近人，完全是某些女政客的反面。”[2]帕特里克·图勒梅说道。“女政客”，从她对埃马纽埃尔·马克龙的支持来看，这种说法并不为过。“她在政界起到了好的作用，”图勒梅继续说，“她了解实际情况，特别坦诚。在残疾人问题上，她有时会纠正某些人，说‘这个是我们打算做的，而这个是我们马上要做的’。她会改变一切。”

不过，她给自己定了一个界限：不要妨碍她眼中“第五共和国最帅的总统”。“我希望自己永远也不会妨碍他。如果哪天我感觉自己给他的执政造成了困难，我一定会自己走人。”[3]她预言道。“我们能感受到她的严肃，她对无法成功的担忧和不想伤害丈夫的决心。”[4]阿迈德·艾达拉兹解释道。每当有人请她参加某项计划时，她都会回答说自己要先跟马克龙谈一谈，只有在获得“许可”之后才会行动。不过，她坚定地要完成自己的角色，绝不会让总统年轻的部长们超越她。这一点，爱德华·菲利普政府的部长们都十分清楚，他们常

[1] 摘自题为《我们，布丽吉特·马克龙》的文章，载于《鸭鸣报》，2017年9月20日号。
[2] 摘自2017年9月18日图勒梅与作者的谈话。
[3]《叫我布丽吉特》，载于《她》杂志，同前文。
[4] 摘自2017年11月1日阿迈德·艾达拉兹与作者的谈话。

常会谈到布丽吉特，相比之下，没有任何一位政治领导人曾经提过卡拉·布鲁尼……

这也是因为新任第一夫人与卡拉这位歌手几乎没有共同之处，不过两位女性倒是相互欣赏。布丽吉特曾对卡拉在爱丽舍宫时的矜持表现大加赞赏，在竞选期间还向她取经；卡拉则在马克龙当选后向布丽吉特表示祝贺，称赞她是一位“优雅、热情和富有人情味的女性，很讨人喜欢”[1]……然而，在其他方面，两人就完全不是一个风格了。“不，布丽吉特不会成为卡拉·布鲁尼，后者除了出访以外如同完全消失了一样。”[2]《第一夫人》的作者罗贝尔直言不讳。那就是和塞西莉亚更接近一些？比如她们在经济部的影响、她们的投入、她们在娱乐新闻中的曝光度……确实存在一些相似之处。另外，萨科齐的前妻塞西莉亚比其他人更想要确立第一夫人的法律地位，布丽吉特却并不想和她进行比较：“她是总统办公室主任，是有实际职务的。在埃马纽埃尔那里，干这个差事的可不是我！”[3]罗贝尔·施耐德则有另一种分析。“尼古拉·萨科齐需要塞西莉亚，就像埃马纽埃尔寻求他妻子的参与一样。她们之间真正的区别在于，布丽吉特并不愿意通过与他形成对立关系来刷存在感，她显然不想妨碍自己的丈夫。”达尼埃尔·密特朗的平行外交，贝尔纳黛特·希拉克的参选野心，还有瓦莱丽·特里耶韦莱那些令人尴尬的推文……布丽吉特可不想冒这样

[1] 摘自 2017 年 10 月 9 日发行的杂志《费米娜版本》中的一篇采访。
[2] 摘自 2017 年 9 月 25 日罗贝尔与作者的谈话。
[3] 摘自《夫人的走廊》，阿利克斯·布亚盖著，瞭望台出版社，2017 年。

的险……但也不想像伊冯娜·戴高乐那样过于谨慎低调，她尝试提出的那些政治见解永远只能得到戴高乐将军一句“得了，你不懂政治”或者像朱莉·嘉叶那样完全销声匿迹。在她的部分亲信看来，布丽吉特更像是“新版的克洛德·蓬皮杜”，即文艺爱好者。她选择皮埃尔-奥利维耶·科斯塔做自己的办公室主任绝非偶然，因为科斯塔在进入巴黎市政府前，曾在蓬皮杜中心工作了近 4 年，随后又在国家电影中心工作了 8 个月。第一夫人也没想隐瞒自己的意图：她想把艺术家们请进爱丽舍宫。首先，她在那里组织了各种演出，其中就包括 10 月 4 日雷诺·卡皮桑[1]的音乐会。其次，她也在扩大文学艺术家们在爱丽舍宫的影响力。她向埃马纽埃尔·马克龙推荐了荣获 2016 年龚古尔奖的蕾拉·斯利玛尼的散文作品，蕾拉后来成了法语推广运动总统私人代表。据说，这位《温柔之歌》的作者曾拒绝出任文化部部长，她也没有否认这一传闻的真实性。

克洛德·蓬皮杜的丈夫曾就职于罗斯柴尔德银行，她本人也因为着装品位而广受批评，因此，她与布丽吉特倒真有些共同点。同“比比什”[2]一样，“比比”与丈夫也保持着如胶似漆的关系。马克龙夫妇尽管经常出现在公共视野中，却很在意海边度假时的私密空间。最初的异地恋让他们形成了这样的习惯，总希望假期是二人时光，没有随从。总而言之，总统最好的朋友就是他的妻子，他本人也常常这样说。他的一天从早上 9 点开始，纯粹是为了与布丽吉特共享早餐；晚

---

[1] 法国小提琴家。

[2] Bibiche，乔治·蓬皮杜对妻子克洛德的昵称。

上10点，他会特意来到布丽吉特身边，与她共进晚餐，之后再重新回去工作。2017年10月20日，他不打算在结婚十周年纪念日这一天离她太远，就缩短了出席布鲁塞尔欧洲峰会的时间，随后去灯笼阁与她会合。这样融洽的夫妻关系，爱丽舍宫已经很久没有看到了。安娜-埃莫娜·吉斯卡尔·德斯坦忍受着丈夫不忠的痛苦，密特朗夫妇长期分居，希拉克夫妇争吵不休，尼古拉·萨科齐离婚又再婚……爱丽舍宫这座城堡里上演过各种曲折的感情大戏。更不要提弗朗索瓦·奥朗德的“头盔韵事”[1]和他在《感谢这一刻》中的恶劣形象[2]。在这样的氛围之下，马克龙夫妇出于自愿表现出的和谐关系确实令人惊讶。这种和谐与前任总统们就职初期的情况形成了鲜明的对比。2017年5月7日[3]，布丽吉特与丈夫手挽着手出现在卢浮宫，塞西莉亚·萨科齐却在相同的情境下威胁称不会露面，瓦莱丽·特里耶韦莱则要求丈夫“亲吻她的嘴”，以此来昭示她战胜了塞戈莱纳·罗亚尔[4]。总统任期一开始，新任第一夫人布丽吉特就明确地与丈夫形成了一种团队关系；她的前任们，如卡拉·布鲁尼，则满足于“退居其次”。布丽吉特是丈夫的顾问，坚持要陪伴在丈夫左右。

这样一种和谐的关系在某种程度上解释了民众对布丽吉特的追

[1] 奥朗德曾被媒体拍到他戴着头盔，骑着摩托去与情人朱莉·嘉叶约会的照片，他当时还未与瓦莱丽·特里耶韦莱分手。

[2]《感谢这一刻》是瓦莱丽·特里耶韦莱的自传，主要讲述了她与奥朗德的感情始末。在这本书中，瓦莱丽·特里耶韦莱将奥朗德描述成一个玩世不恭、缺乏感情、歧视底层人民的男人。

[3] 即马克龙当选总统之日。

[4] 塞戈莱纳·罗亚尔是奥朗德的前女友。

捧，她不得不开通了第一夫人信箱，收信量堪比《爱在牧场里》[1]节目的嘉宾。她每天会收到约 150 封信，据手下说，这一数字是卡拉·布鲁尼的 4 倍。她每天要花半天时间处理这些信件，将它们分成三类：一类亲自回复，一类交给办公室处理，还有一类需要进行更深入的研究——它们往往反映了社保体系中存在的问题。不得不说，由于信件量如此之大，她是无法在回复里夹上一张钞票的——安娜-埃莫娜·吉斯卡尔·德斯坦曾经这样做过，她会给处境最困难的致信者寄去 500 法郎。不过，鉴于对她的好感，法国人目前似乎也不会因此而生她的气……

[1] 法国的一档电视相亲节目，改编自英国电视真人秀《单身汉农夫讨老婆》，每期节目中都会安排农业从业人员与单身观众进行相亲互动。

布丽吉特现象

BRIGITTE
MACRON

《新观察家》杂志头条《布丽吉特·马克龙现象》、《费加罗报》剖析“布丽吉特热”、《巴黎人报》重点推介《总统的王牌》、《红秀》杂志通过11页长文描述《布丽吉特迷》……她还登上了《现实价值》《视点》和《快报》的封面；在谷歌上输入她的名字，会出现1000多万个搜索结果，超过大卫·贝克汉姆2倍、让·杜雅尔丹6倍……以及瓦莱丽·特里耶韦莱和朱莉·嘉叶的30倍！几个月以来，媒体有了新的热门话题。“这个人物能够引起我们读者的兴趣，”《近距离》周刊编辑室主任洛朗斯·皮奥说道，“她登上封面的那几期杂志销量特别好。”[1]《巴黎竞赛画报》也有相同的反馈。“2016年4月，马克龙夫妇首次登上封面的那一期是创造历史的一期，销量增加了60万—70万册。”[2]布律诺·热迪回忆说。他解释称，这种由政客事业上升带来的销量上升，自尼古拉·萨科齐以来就再也没有见到过了。“我们还没有发布过针对布丽吉特个人的头条文章，不过读者肯定会很感兴趣。如果当初有机会在她成为第一夫人后抢先对她进行采访，我们一定会去的！”拉加代尔集团旗下的另外一本杂志《她》则获得了独家新闻，

[1] 摘自2017年12月13日洛朗斯·皮奥与作者的谈话。

[2] 摘自2017年8月30日布律诺·热迪与作者的谈话。

在 8 月 18 日发布了一段长长的采访内容。杂志社这一次乐坏了，必须举杯庆祝 53 万册的销量，这可是近十年来的最高纪录！埃马纽埃尔·马克龙在竞选期间曾说：“我上过很多杂志的封面，因为我能带来销量，就像洗衣液一样。”[1] 他的妻子在这方面很快就追上了他。

这一追捧之势很快蔓延到了国外。在丈夫当选总统之前，布丽吉特就已经轰动外媒。2017 年 2 月，以严肃著称的《法兰克福汇报》就对她进行了详细介绍。这位“简·方达的好朋友”浑身散发着“热爱生活的喜悦，仿佛她此前的 40 年一直都在圣特罗佩过节一样。”用在她身上的形容词并没有太多恭维的味道，但这位“前进”运动党候选人的妻子还是被描述成马克龙取胜的关键因素之一。《汇报》中写道：“法国人正是因为他们之间不同寻常的年龄差距而喜欢这对夫妇。”此外，有几个德国人也很关心这对“非典型夫妇”，连安格拉·默克尔都被马克龙夫妇“迷住”了！记者马里翁·范·朗特海姆在默克尔的传记中写道：“她对一切勇于彰显不同的人都赞赏有加。”[2]4 月底，《图片报》刊登了一篇对一名婚姻顾问的采访，题为《他 39 岁，她 64 岁！这样的婚姻如何经营？》。显然，默克尔一定迫不及待地看了这篇采访。

《纽约时报》笔下的“专制破坏者”，《每日邮报》称其“比丈夫年轻得多”，厄瓜多尔杂志《美物》则描述她为“富有吸引力、果

---

[1] 引自贝尔特朗·德莱的纪录片《埃马纽埃尔·马克龙：向爱丽舍宫前进》，2017 年 5 月 11 日播出。

[2] 摘自《安格拉·默克尔：天外来的政客》，玛丽昂·范·朗特海姆著，角斗场出版社，2017 年。

断、热情洋溢”……《每日电讯》在5月9日盛赞了“她精心打理的一头金发、英国味十足的微笑和迷人的自信”。这篇文章还能帮助读者找到“她们自己内心深处的布丽吉特·马克龙”。在文章给出的6条建议中，做到“永远不要没打扮好就出门”以及“把自己的男人视为男神”这两条就能够“成为布丽吉特”……有兴趣的人可以听听这些忠告。总之，这个被阿根廷日报《号角报》称为“未来法国版的米歇尔·奥巴马”的女人极大地激发了外国记者们的灵感，其中包括埃利·皮瑟斯在英国版的《服饰与美容》上刊登了的由她撰写的一篇赞美法国第一夫人的长文。埃利向我们讲述是什么使她的兴趣大发。“她与丈夫的年龄差距在英国引起了极大的反响。英国首相夫妇的形象十分传统，所以我们才会被马克龙夫妇不同寻常的一面吸引。”[1]《时代》杂志驻巴黎通讯员亚当·萨热也证实了这一点。“只要看看那些文章下面的评论就知道这样的年龄差距多么令人惊奇。女性往往表示支持，男性则更抱怀疑的态度。不过他们的爱情故事在英国引起了广泛的关注，这估计是英国人对埃马纽埃尔·马克龙最了解的一部分了。”同样，据阿迈德·艾达拉兹称，2017年6月，他陪同布丽吉特对摩洛哥进行正式访问时，她受到了“摇滚明星”般的待遇；在希腊，媒体更关注这位第一夫人在9月总统访问期间的言行。“在日本和中国也是一样！”亚当·萨热最后说道。

[1] 摘自2017年10月2日埃利·皮瑟斯与作者的谈话。

第一夫人受热捧……

中国对布丽吉特的关注在 2017 年 8 月 4 日这一天进一步加深。当天，一只小熊猫在博瓦尔动物园诞生，布丽吉特成了它的教母。几周前，当布丽吉特得知这项任务落在自己身上时，她的办公室立刻开始了真正意义上的战前准备，充分了解了具体的流程，以免犯下愚蠢的错误。“马克龙夫人似乎对这一使命感到非常高兴，为此作足了礼节上的准备。”博瓦尔动物园公关主任德尔菲娜·德洛尔告诉我们：“大熊猫出生当天，她立刻就向我们致电，我们甚至还没来得及向她提出正式申请。她说她与丈夫一直在爱丽舍宫时刻关注着熊猫宝宝的到来，此后也定期询问她这位“教子”的近况。”[1] 这样的热情也引起了中国驻法使馆的注意。“她能够对这件事如此上心，中国感到非常荣幸。一个规模庞大的代表团立刻就通知我们要来博瓦尔动物园参加命名仪式，主要是因为马克龙夫人也会出席。”12 月 4 日，大批中方代表前往博瓦尔动物园，很高兴得知大熊猫宝宝的名字定为“圆梦”。然而，那一天，参加仪式的人们更期待的是第一夫人的演讲，她也抓住机会在自己的演讲中加入了些许政治成分。在这第一次正式发言中，她称赞“圆梦”是“法中友谊生机勃勃的果实，多亏了这份牢固的友谊，一方得以将自己最珍视的东西托付给另一方，因为深知对方会像爱惜自己的生命一样对其加以呵护。”她还不忘在致辞的

[1] 摘自 2017 年 9 月 12 日德尔菲娜·德洛尔与作者的谈话。

最后用中文说上一句“谢谢”。这样一种对“熊猫外交”的巧妙把握让听众们十分受用——其中就包括中国外交部副部长张业遂和驻法大使翟隽。除此之外，总统竞选期间，在中国，“他娶了一个比自己大 24 岁的女人”这一话题标签被使用了数百万次，布丽吉特也因此有幸成了媒体报道的对象。

无论在法国还是在国外，布丽吉特都引发了大量的报道与评论。2017 年 6 月，据《星期日报》报道，布丽吉特曾开玩笑说：“你们看着吧，我要给布丽吉特这个名字平反了。”在大批新生儿取名“布丽吉特”的热潮到来之前，《玛丽安娜》杂志率先发起了平反。2017 年 7 月 14 日，杂志刊登了题为《芭铎、莱尔、马克龙、佛西[1]：布丽吉特，法国魅影》（*Bardot, Lahaie, Macron, Fossey : Brigitte, un fantasme français*）的文章。这样的知名度在马克龙任期的第一个夏天起到了作用，当时民众对他的支持率已经下降了 24 个百分点。“以‘威严’形象示人是一个巨大的错误。”公关专家菲利普·莫罗·谢夫罗莱评价说，“民众产生了一种距离感。”[2] 布丽吉特在谈到丈夫时也用了“拉开距离”这种说法。她承认：“埃马纽埃尔需要所有人，同时又不需要任何人，人们永远也无法走进他的世界。”[3] 为了缓和这种冷峻的形象，第一夫人的形象就要派上用场了，哪怕代价是走出她自己的“媒体保护区”。马克龙当选总统后，她就致力于总统的公

---

[1] 这四人的名字都是布丽吉特，芭铎是法国名模，莱尔和佛西均为法国知名演员。

[2] 摘自 2017 年 10 月 4 日菲利普·莫罗·谢夫罗莱与作者的谈话。

[3] 摘自《埃马纽埃尔·马克龙：一个如此完美的年轻人》，安娜·福勒达著，普隆出版社，2017 年。

关形象，并希望这是一个“没有风言风语”的任期——与马克龙的前任正相反。布丽吉特举荐的爱丽舍宫发言人布律诺·罗歇-珀蒂就表现得十分沉默。竞选结束后，夫妻二人此前与记者之间的默契在他们入主爱丽舍宫后也不复存在了。8 月份试图在马克龙夫妇的马赛假期偷拍他们的狗仔队深刻意识到了这一点：一位供职于《VSD》杂志的摄影记者甚至因“骚扰和侵犯私人生活未遂”受到了指控。官方授权的照片上，夫妻二人的形象显然要更好一些——包括他们的专用摄影师索阿齐格·德·拉·穆瓦索尼埃的作品，还包括由贝斯图通讯社出售的照片，马克龙一有机会就让该通讯社的合伙人之一塞巴斯蒂安·瓦里拉为其拍照。瓦里拉此前在爱丽舍宫的名声并不太好：弗朗索瓦·奥朗德与朱莉·嘉叶在马戏团路幽会的照片就是他向《近距离》周刊提供的……这位前总统现在想必偷着乐呢。

5 月份以来，马克龙夫妇的消息明显有所封闭。马克龙上任之初的 3 个月，布丽吉特极少在媒体上露面。明星朋友们也意识到了这种必要，变得更加谨慎起来。法布里斯·鲁奇尼倒是因为没有受邀参加权力交接仪式而有些不快。几周后，他拒绝了布丽吉特的邀请，没有出席向中级二年班[1]学生发放《拉·封丹寓言》的活动。不过其他人则吸取了此前在圆顶餐厅举行第一轮竞选胜出庆功晚宴引发争议的教训，有些人曾拿这场晚宴与萨科齐当年在富格餐馆举办的饱受批评的庆功宴作比较。布丽吉特也在控制她的红毯效应，拒绝时装周的邀

[1] 即小学五年级。

请，据她的亲信说，这是为了“专注于教育和残疾事业”。另外，向媒体讲述自身经历也不再是什么要紧的事情了。然而，由于民众对埃马纽埃尔·马克龙的好感降低，布丽吉特在8月份打破了沉默。不久前她刚刚向《她》杂志吐露完心声——采访计划很早就确定下来，但她曾经在7月考虑过取消。如今，在面对BFMTV电视台的采访时，她号召法国人要对她的丈夫“有信心”。这种号召的效力我们不得而知，但总不会有什么坏处……

有些人对第一夫人的号召力一清二楚。6月30日，H&M集团旗下品牌“Weekday”推出了布丽吉特纪念款T恤和手提袋，将红色或者黑色的“Brigitte”字样印在白色棉布上面。“设计初衷是为了响应民众对马克龙夫人的热爱。”[1]该品牌的新闻专员解释道。效果如何？该品牌巴黎专卖店内出售的纪念款被一抢而光，数量规模比当年推出碧昂丝纪念款时更甚。这是否可被称作“布丽吉特热”呢？“这确实是一次商业上的成功，在纪念款推出4个月后，我们还会收到订单。”

阿芒迪娜·拉里祖也对这种行情有所判断。第一轮选举结束当晚，这个年轻姑娘就产生了与朋友一同创立“We love Brigitte（我们爱布丽吉特）”品牌的念头。“我们在竞选期间对她产生了好感，她曾经受到过那么多责难。”她告诉我们，“我们也认为她确实具有成为偶像的潜力。”[2]3个月后，这两位合伙人推出了饰有“Et la France créa

[1] 摘自2017年10月11日被采访者与作者的谈话。
[2] 摘自2017年11月28日阿芒迪娜·拉里祖与作者的谈话。

Brigitte（法国创造了布丽吉特）”和“Bribri First Lady（布丽布丽，第一夫人）”字样的T恤和长袖套衫，在网站www.brigittemacron.com上出售——“前进”运动党的团队显然未曾想到要注册这个域名……“卖得非常好，”阿芒迪娜说道，“我们还发现她在国外也有了粉丝团！我们收到了大量来自意大利和日本的邮件。”

不过，布丽吉特还是在她的“地盘”最受欢迎。在勒图凯，人们都迫不及待地想要跟总统夫妇扯上些关系。圣-让大街是一条商业街，但在埃马纽埃尔·马克龙当选前，街上从未出现过如此大的人流。是的，每个人都想在这条街的14号门前拍照留念。“布丽吉特好像还会经常来这里，”两位比利时游客在一名负责保护莫内让别墅的安全部队人员帮他们拍完照片后，对我们说道，“但今天她似乎不在。不过至少已经看到她的房子了。”这一天，同往常一样，站在这栋位于海滨城市勒图凯黄金三角中心的美丽花园洋房前久等的并不止他们二人。入夏以来，甚至有一个旅行社组织退休人员乘旅游大巴过来，拍上几张纪念照片。因此，当地特意成立了一个接待委员会，以备马克龙夫妇临时决定回到这里。

不过，自拍并不是勒图凯游唯一的必备纪念品。在马克龙夫妇房子附近，是一家名为“科德角”的商店，店主租下了他们的旧车库，开了这家店，也借了自己名人邻居（和房东）声望的光。这家店的明星产品就是写有“Le Touquet City of President（勒图凯，总统之城）”的T恤和长袖套衫，售价分别为39欧元和80欧元。“我们在6月初的圣灵降临节期间产生了印几件衣服的想法。然后，在某一个周末，我们就开工了。”[1] 店主克里斯蒂娜·比戈兴奋地说道。布丽吉特是他们以前最受欢迎的客人之一，尽管她这次没有进店分享这种喜悦，店里的库存还是被一扫而空。“现在甚至有人从英国和比利时打来电话跟我们订购！”位于同一条路上的“另类”纪念品店也抓住了这次财运。马克龙夫妇曾经定期带着孙子和孙女光顾这家店，但最近一段时间，店主让-马克龙·蒙图伊再也没有见过他们。他倒是知道如何挽回下降的营业额……“我的店离他们的房子不远，总统选举给我的店注入了活力。我这里出售的菜盘托儿大获成功，上面印着他们的别墅。我还制作了有‘Paris–Élysée – President–House – Le Touquet（巴黎–爱丽舍宫 – 总统的房子 – 勒图凯）’字样的 T 恤。我还打算推出一些配饰和扑克牌，印上‘Le Touquet, ville présidentielle（勒图凯，总统之城）’。”此外，印有总统头像的雪花玻璃球也十分热销。“店里从来没有这么热闹过！必须借此机会赚一把。”[2] 不远处的巴黎路上，一家杂志店的老板们也想分一杯羹，奈何运气不好：他们向布丽吉特提出了请求，埃马纽埃尔·马克龙却并不想去那里签售他的自传《变革》——这本书还是摆在了店中央一张桌子上的显著位置。

如今，马克龙夫妇曾经频繁光顾的所有地方都是人头攒动，比如伍食茶室和小可爱甜点店的勒图凯分店，以及他们房子旁边的“小船”商店。当然，还有不能错过的体育咖啡馆，它位于圣-让大街的另一头，紧邻菲莱咖啡馆取这个名字是在向奥朗德和他的拉布拉多

[1] 摘自 2017 年 9 月 21 日克里斯蒂娜·比戈与作者的谈话。
[2] 摘自 2017 年 9 月 21 日让-马克龙·蒙图伊与作者的谈话。

犬[1]致敬吗？），是一家当地的小店……不过它因成为马克龙夫妇的大本营而扬名四方。“马克龙的作用吗？大概为我们增加了 15% 的收入。”店主吉尔贝·福冈贝格（Gilbert Fauquembergue）说道，“很多客人都要求使用他们夫妇的桌子——10 号桌，而且点的菜也是他们常吃的灰虾。马克龙夫人还会来这里，从来不摆架子，欣然接受客人自拍合影的请求……她在这里很受欢迎。”[2]不久后的一幕证明了这一点：走出这家咖啡馆时，我们看到了一位路人，他的 T 恤上就印着时下流行的“Manu & Bribri（马努和布丽布丽）”字样……

布丽吉特游行

第一夫人是否拥有一件印着她名字的衣服呢？我猜没有……不过有一件事是肯定的：如果她在公开场合穿了这样一件衣服，我们一定会知道。无论是在女性杂志还是综合杂志上，她的每种形象都会被拿来深度解析一遍，在社交网络“照片墙”上也是如此。“Brigitte Style（布丽吉特风）”“Brigitte Macron Fashion（布丽吉特·马克龙时尚）”“Brigitte Macron Fan（布丽吉特·马克龙粉丝）”……还有连瓦莱丽·特里耶韦莱都在关注的“Brigitte C’est Chic（布丽吉特就是美）”账号，里面搜集了布丽吉特的每一张照片，目的是为范思哲艺术总监卡琳·洛菲德和疯马夜总会提供灵感。布丽吉特并没有注册账

[1] 奥朗德在爱丽舍宫养的拉布拉多犬名字叫菲莱。
[2] 摘自 2017 年 9 月 21 日吉尔贝·福冈贝格与作者的谈话。

号，她的身影却遍布社交网络。“她值得我们专门为她建一个账号！”丽雅·达尔莫（Léa Darmau）说道，她就创建了一个名为“Brigitte Macron France（法国布丽吉特·马克龙）”的主页，得到了不少正面反馈。“她在全世界都有粉丝，我在评论里发现了这一点。”[1]她的气质同样受到了时尚界名人的称赞。卡尔·拉格斐[2]说她有着“巴黎最美的腿”；奥利维耶·鲁斯坦[3]，绰号“巴尔曼先生”，声称能为布丽吉特搭配服装让他感到“非常自豪”；亚历山大·福提[4]也对她的“法式风格”赞不绝口。我们并不知道安娜·温图尔的看法，也许她在巴黎时装周期间于2017年7月3日在爱丽舍宫见到了布丽吉特之后，酝酿出了对她的赞美吧。

不得不说，布丽吉特确实在个人风格上下了不少功夫——她一向如此。不过，多亏了两位天才顾问，她从此进入了一个新的世界。第一位是马蒂厄·巴尔特拉·科林。这位低调的设计师曾经为《法国之声》选秀节目的参赛者及《日报》节目里的埃里克和冈旦搭配过服装，马克龙当选后，布丽吉特便请他为自己服务。据布丽吉特的办公室称，这属于一种“无偿”服务，不过很快便出现了质疑的声音。“他平时并不在爱丽舍宫。布丽吉特曾经试着去店里买鞋，可总有好奇的人给她的脚拍照！”[5]她的另外一位顾问则是时尚界的重量级人物，即

[1] 摘自2017年8月1日丽雅·达尔莫与作者的谈话。
[2] 法国著名时装设计师，曾为香奈儿、芬迪等品牌担任设计师。
[3] 巴尔曼品牌的创意总监。
[4] 法国服装设计师，有其同名自创品牌。
[5] 摘自题为《星光熠熠》的文章，载于《红秀》杂志，2017年7月14日号。

德尔菲娜·阿尔诺：她是贝尔纳·阿尔诺[1]的女儿，格扎维埃·尼埃尔的女友以及路易威登的老板——布丽吉特在经济部时就与她结下友谊的。她建议布丽吉特相信路易威登艺术总监尼古拉·盖斯齐耶的眼光。说到做到：2016 年 3 月 9 日的时装秀结束后，布丽吉特试了几款由他设计的服装，随后宣布自己喜欢上了这位设计师。与他擦肩而过时，她对他说，自己在他供职于巴黎世家时便已经成了他的顾客。“她很讨人喜欢，风趣、聪明、平易近人、富有同情心。”[2]他赞叹道，很高兴能够在整个竞选过程中为她设计服装搭配。他甚至为她专门设计了出席权力交接仪式的着装。然而，这并不能阻止 2017 年 5 月 14 日爆发的一系列指责，因为那一天，她提的是印有品牌缩写的路易威登“Capucine”系列提包，售价 3950 欧元。名牌傍身是一件危险的事情吗？关于她着装风格的争论有时就能证明这一点。布丽吉特辩称，她想成为法国时装的形象大使，自称受到了她那些服装的“保护”……不过她已然处在了暴风的中心。

她的短裙反复成为言论攻击的对象，身着牛仔裤在爱丽舍宫接见阿诺德·施瓦辛格也引起了众怒……各种评论接踵而至。9 月 22 日，蒂埃里·保罗·瓦莱特干脆发起了一次请愿，他之前曾攻击过第一夫人的地位。他的目的是什么？谴责她的“不当着装”。请愿书后来从 mesopinions.com 网站上被撤下，不过还是引发了一次反请愿，呼吁停止“针对布丽吉特·马克龙的施暴、恐吓与骚扰”。这次全国性的

[1] 路易威登集团总裁。

[2] 摘自 2017 年 5 月 14 日刊登在《星期日报》上的一篇采访。

精彩辩论似乎并没有对主角产生太大影响——而梅拉尼娅·特朗普和卡拉·布鲁尼都在丈夫就任后，着装方面有所收敛。布丽吉特只是简单地回应："有一次，我穿了一条长裙，祖母对我说：'瞧瞧你，像个发了霉的老太婆。'所以我就再也不穿了！"[1]

无论如何，保持年轻状态对于布丽吉特来说十分重要。无论前一晚多忙多累，每天清晨都是她的锻炼时间，她会在爱丽舍宫的花园里或者沿着塞纳河走上好久。她对饮食也有着严格的要求，让爱丽舍宫厨师长纪尧姆·戈麦兹每天为她准备十种水果和蔬菜。正餐也非常注重营养，鱼肉多过红肉。纪尧姆经常在"照片墙"上展示的肉馅饼并配以"爱肥肉，爱面筋"的话题标签——布丽吉特应该没怎么尝过——身高 1.65 米，体重 45 千克，这样的身材说明了一切。"她很努力。"[2] 她的朋友贝蒂娜·莱姆斯说道。每当布丽吉特看到她的手下在两次会议之间吃零食时，就会对他们说："你们会付出代价的！"并不是所有人都能如此自律：一个比自己小 24 岁的丈夫应该是她保持身材的最大动力。

马克龙大妇的朋友们都肯定地说几乎注意不到他们之间的年龄差，菲利普·贝松甚至开玩笑说："他们俩比起来，她才是真正的现代人！"[3] 她的语言里英法混杂，他还在用"croquignolesque"

[1]《叫我布丽吉特》，载于《她》杂志，同前文。
[2] 摘自前文中《观点报》上的文章《比比的命运》。
[3] 摘自 2017 年 9 月 11 日菲利普·贝松与作者的谈话。

和“perlimpinpin”[1]这种词；她开始听韦亚内[2]的歌时，他还在哼着夏尔·阿兹纳夫[3]和乔·达辛[4]。“就连怀旧电台对他来说都太时髦了！”[5]她大笑道。他总是喜欢同年长一些的人在一起，无论是童年时的祖母还是像米歇尔·罗卡尔和亨利·埃尔芒这样的朋友，这绝非偶然。苏菲·德·芒东告诉我们，布丽吉特私下里经常拿这种性格颠倒开玩笑。2017年7月，这位女企业家在《今日价值观》上撰写了一篇题为《谢谢你，布丽吉特》的文章，感谢布丽吉特打破了禁忌，让女性同样可以选择比自己年轻的伴侣。她们曾经见过两次面，不过让这位社论作者没想到的是，布丽吉特对这篇文章产生了兴趣并向她致电。苏菲回忆说：“电话里，她对我说：‘你说奇不奇怪，总有人猜想，我每天早上会比他早起半个小时来梳妆打扮。可我就是我。’”布丽吉特还告诉她，感觉自己比丈夫更年轻。“真有意思，埃马纽埃尔每隔一天就会对我说：‘我的天啊，今天早上我感觉自己像你的父亲一样！’”

这一切是否只是为了消除面对时光流逝的焦虑心情呢？布丽吉特经常拿自己的夫妻生活和丈夫开玩笑。她曾在《日报》节目上说“还没发现什么感觉不好的方面”，又在《副刊》栏目上说：“蒙田

[1] 前一个词义为“荒诞不经”，后一个词义为“江湖郎中的万灵药”，这两个词在日常生活中均不太常见。

[2] 法国流行唱作歌手，1991年出生，其推出的两张专辑分别获得了白金和钻石销量认证。

[3] 亚美尼亚裔法国唱作歌手，出生于1924年，成名于20世纪60年代。

[4] 美国歌手，出生于1938年，深受法国人欢迎，全球唱片销量达5000万，其中1700万销往法国。

[5] 摘自《夫人的走廊》，阿利克斯·布亚盖著，瞭望台出版社，2017年。

曾经说过：‘要不停地照着别人的大脑打磨自己的大脑。’所以我们就没少打磨！”2017 年 11 月 28 日，法国媒体俱乐部向她颁发了政治幽默评委会奖，因为她曾说自己丈夫唯一的缺点是比她年轻。另一方面，这也许被她当成了一个武器。“第一夫人这个位置自然会吸引很多人的评论，不必为此担心。”[1] 卡拉·布鲁尼在爱丽舍宫与她共进晚餐时曾经给出了这样的建议。为了更加坚定自己的信念，布丽吉特也可以从竞选的角度来看，把自己的年龄当成一种优势。“她的形象很能打动老年人，有很多老年人投票给埃马纽埃尔·马克龙”，菲利普·莫罗·谢夫罗莱评价说，“在讲述他们的故事时，这对夫妇知道如何将这种本来是劣势的年龄差距变成一种优势，布丽吉特也展现出一种令人愿意模仿的变老的方式，比如她在《巴黎竞赛画报》封面上的泳装形象。”[2] 有些人将她视为一种女性主义的形象，帕斯拉尔·布鲁克纳[3] 就注意到：“她打破了一种惯例，将老夫少妻的传统颠倒过来，这让那些有时受到排斥的人深受触动。”[4] 这一点她也有所体会，曾经有女性在会议上对她喊道：“你为我们出了口恶气，布丽吉特！”8 月中旬，《每日电讯报》根据布丽吉特的情况发明了一个新的缩写：WHIPs，即“热辣、睿智、正当年的女性（Women who are Hot and Intelligent and in their Prime）”。“我认为她在世人眼中是一个很有同情心也很平易近人的形象。”《近距离》

[1] 摘自 2017 年 10 月 9 日发行的杂志《费米娜版本》中的一篇采访。

[2] 摘自 2017 年 10 月 4 日菲利普·莫罗·谢夫罗莱与作者的谈话。

[3] 法国小说家。

[4] 摘自 2017 年 12 月 15 日帕斯拉尔·布鲁克纳与作者的谈话。

的编辑室主任洛朗斯·皮奥说道，“她似乎是他们夫妇之间的调和剂，他们的年龄差距也起着相同的作用。另外，她很快就进入了第一夫人的角色，对此也感到很满意，并没有退缩的意思。与之前那几位情况多少有些复杂的第一夫人相比，我想，这一次（对法国人）是有好处的。”[1]

接下来就要看“布丽吉特·马克龙现象”是否能够持续下去了。奈利-罗迪设计工作室的总经理娜塔莉·罗兹博尔斯基毫不犹豫地给出了肯定的回答。“在我看来，她就是一场深层次变革的领袖。长久以来，人们都把现代性和青春混为一谈，而布丽吉特的声望动摇了这种标准。正因为马克龙夫妇的务实精神、特殊的年龄差以及在讲述自身故事时坦诚透明的态度，这对搭档才能够深植于时代潮流之中。”就像是一种“增强现实”——罗兹博尔斯基向我们解释说，“他们是一对真正意义上的超级夫妻：从精神层面来看，他们非常亲密，对彼此有着毋庸置疑的影响。”[2] 通过她独特的经历，布丽吉特塑造了一种有违常规的第一夫人形象，“与此同时”，她的年龄又给人一种安心之感；她的文学素养甚高，“与此同时”，据她的亲信说，她又是个十分接地气的人；她总是在公共场合以微笑示人，“与此同时”[3]，在私下里又特别直率。可以肯定的一点是，这一对有情人幸成眷属了……

[1] 摘自 2017 年 12 月 13 日洛朗斯·皮奥与作者的谈话。
[2] 摘自 2017 年 9 月 28 日罗兹博尔斯基与作者的谈话。
[3] 此处借用了马克龙的口头禅“与此同时”。

结　语

2017年11月13日这一天，她没能忍住泪水。法国上下都在悼念巴黎恐怖袭击[1]的受害者，马克龙夫妇在巴塔克兰剧场会见了受害者家属。向他们致意后，布丽吉特陷入了情绪之中。她用来逃避童年悲剧的那层面具很难一直挂在脸上，曾在竞选期间见证过他人痛苦的她仍在继续经历这样的体验。她承认，这种程度的痛苦让她感到无能为力，也有些手足无措。

然而，她一直重申，她愿意与法国人民保持这种联系，甚至，由于担任总统的丈夫常被人认为表现冷漠，她作为丈夫的王牌，愿意为这种联系充当担保人，他也能够安心地享受她的支持和陪伴，没有人怀疑这一点。格雷万蜡像馆在着手制作总统蜡像时，也希望一同制作布丽吉特·马克龙的蜡像。这对于第一夫人来说是史上头一遭。“我们希望他们的蜡像在一起，因为这是一对非常强大的夫妻，有着一段美丽的故事。”[2]蜡像馆的公关经理维罗尼克·贝莱兹告诉我们。担任

[1] 此处指2015年11月13日发生在巴黎巴塔克兰剧院的恐怖袭击。当晚，美国摇滚乐队“死亡金属之鹰”正在该剧院演出，突然有袭击者持枪对观看演出的人群进行扫射。当晚，巴黎另外6处公共场所也发生了枪击或爆炸事件，共造成百余人死亡。

[2] 摘自2017年12月11日维罗尼克·贝莱兹与作者的谈话。

格雷万学院院长的斯特凡那·贝恩也这么认为。无论是在蜡像馆还是在爱丽舍宫，她始终站在总统的右边，似乎想要创造一个空前的角色。

她的声望本应有助于她实现这一目标，但情况似乎比预想得要复杂一些：首先，舆论普遍拒绝授予她一个正式地位；其次，针对她的各种批评也证明了这一点。在每次社会大讨论中，她都首当其冲。马克龙上任之初，各种讨论尤其密集，针对布丽吉特的攻击也是如此。2017 年 11 月 25 日，马克龙提出希望将自愿性行为的最低年龄设为 15 岁，所有的舆论反应都集中到他的妻子身上。在社交网络中，不少人对这一消息嗤之以鼻，同时指责布丽吉特诱拐未成年人。这对她来说是老调重弹了，据她的亲信说，她对此选择了无视。

"她收到的数千封来信和路人对她表现出的支持对她的触动要比这些（攻击）更大。"她办公室的工作人员坚定地说道。为了减少争论，她还是把自己的曝光度降到了最低。朋友们却为她鸣不平："总不能不让她说话吧！"不过，她最在乎的是不要妨碍丈夫的任期，毕竟丈夫的胜出也有她的功劳。"她完全有理由保持沉默并低调行事。"媒体社会学者贾米尔·达科利亚分析说，"如果频繁表态，而且表态的政治意味过于强烈的话，会让人质疑表态的合理性。"[1] 因此，布丽吉特鲜少公开发言。此外，她的团队也正式将她的角色限于"研究性"活动，一种类似于为爱丽舍宫调查法国社会的角色。

[1] 摘自 2017 年 11 月 28 日贾米尔·达科利亚与作者的谈话。

她的实际影响力范围要更大一些，这一点毫无疑问，至少各种民意调查的结果显示如此。11 月 12 日，她被《星期日报》评选为影响力第二大的法国人，排名在她之前的是国际货币基金组织总裁克里斯蒂娜·拉加德。10 天后，《名利场》杂志将她列入全球影响力最大的法国人名单——她位列第三，排在格扎维埃·尼埃尔和齐内丁·齐达内之后。“她与埃马纽埃尔·马克龙组成的这对夫妻和她的气质深深吸引了外国媒体。”《名利场》如是评价。而在爱丽舍宫里，她的威望则更明显一些，某些部长表现出的嫉妒就证明了这一点。“幸好她不打算从政，这些男人真是够走运的！”她的一个朋友感慨道。然而，她其实已经步入政坛，只不过是以她自己的方式：面带微笑，心怀怜悯，但态度无比坚决。

致　谢

感谢所有同意与我谈论布丽吉特·马克龙的人。万分感谢你们讲述的逸闻与宝贵的看法：

Abdel Aïssou, Jean-Louis Beaucarnot, Véronique Berecz, Juliette Bernard, Philippe Besson (pour Closer), Arnaud de Bretagne, Jeannine Briard, Pascal Bruckner, Olivia Cattan, Jamil Dakhlia, Léa Darmau, Sarah Da Silva Gomes, Bertrand Delais, Sébastien Deletoille, Delphine Delord, Jean-Baptiste Deshayes, Ahmed Eddarraz, Cédric Étévé, Gilbert Fauquembergue, Maryse Gérard, Natacha Harry, Bruno Jeudy, Antoine Joannes, Amandine Lalizou, Béatrice Leroux, Mathieu Magnaudeix, Sophie de Menthon, Jean-Marc Monteuuis, Philippe Moreau Chevrolet, Adrien Naselli, Claire Pasquier, Laurence Pieau, Ellie Pithers, Nathalie Rozborski, François Ruffin (pour Closer), Michèle Sabban, Adam Sage, Marlène Schiappa (pour Closer), Robert Schneider, Mickaël Thomas, Patrick Toulmet, Simone Uhl, Christine Ulivucci, Th ierry Paul Valette, Justin Vogel, Jean-Paul Voltz 以及那些选择匿名的人。

非常感谢 Michel Taubmann 的一贯支持和他提供的无数好建议。

还要感谢 Jean-Daniel Belfond 的信任，Pauline Lépinay 的耐心倾听以及群岛出版社的团队。

感谢《近距离》编辑部的不断鼓励、建议与德语文章的翻译。

感谢两位马赛校对员对这本书的反复审阅和重视。

人名和专有名词索引

A

B

C

D

E

F

G

H

I

J

Joe Dassin 乔・达辛
Joëlle Chevé 若埃尔・舍韦
Johnny Hallyday 约翰尼・哈里戴
Jonas et Cie 乔纳斯裁缝店
José Pietroboni 约瑟・皮耶特罗伯尼
Joseph Siegwald 约瑟夫・西格瓦尔德
Julie Gayet 朱莉・嘉叶
Julien Denormandie 朱利安・德诺尔芒迪
Julien Doré 朱利安・多雷
Juliette Bernard 朱丽叶特・贝尔纳
Julliard 朱利亚尔出版社
Justin Vogel 朱斯坦・沃热尔

K

Kantar Health 凯度国际医药咨询公司
Karine Le Marchand 卡丽娜・勒马尔尚
Karl Lagerfeld 卡尔・拉格斐
Keren Ann 凯伦・安

L

L'Ambigu Monsieur Macron《神秘莫测的马克龙先生》
L'art de la comédie《喜剧的艺术》
L'atout du président《总统的王牌》
L'Élysée au féminin de la IIe à la Ve République《第二至第五共和国期间爱丽舍宫里的女人们》
L'Express《快报》
L'obs《新观察家》
La Brigitte mania“布丽吉特热”
La campagne de toutes les surprises《大出所料的竞选运动》
La Cave des Abbesses“修道院长的酒窖”餐厅
La Comédie du langage《语言的喜剧》
la Danse de la colère《愤怒之舞》

M

N

O

P

Q

R

rue du Cirque 马戏团路
Rue Falguière 法尔吉埃路

S

Saint-Josse 圣–若斯
Saint-Mauront 圣–莫隆
Saint-Tropez 圣特罗佩
Salut les Terriens《你好乡下人》
Sandra Muller 桑德拉·穆勒
Sanofi 赛诺菲
Sarah Da Silva 萨拉·达·席尔瓦
Sciences Po 巴黎政治学院
Sébastien Deletoille 塞巴斯蒂安·德莱图瓦耶
Sébastien Valiela 塞巴斯蒂安·瓦里拉
Sébastien Veil 塞巴斯蒂安·韦伊
Ségolène Royal 塞戈莱纳·罗亚尔
Seine-Saint-Denis 塞纳–圣但尼省
Sentier 桑捷
Sibyle Petitjean 西比勒·珀蒂让
Simone Pujol 西蒙娜·皮若尔
Simone Uhl 西蒙娜·于勒
Snapchat 色拉布
Soazig de La Moissonnière 索阿齐格·德·拉·穆瓦索尼埃
Son rôle secret dans la campagne《她在竞选中的秘密角色》
Sophie Cluzel 苏菲·克吕泽尔
Sophie de Menthon 苏菲·德·芒东
Sophie Ferracci 苏菲·菲拉奇
Soulages 苏拉吉博物馆
Spiegel《明镜》周刊
spin doctor“媒体顾问”
Sputnik！俄罗斯卫星网
Stade de France 法兰西体育场
Stéphane Bern 斯特凡那·贝恩

T

U

V

W

X

Y